Heinrich Wilhelm Bensen

Hieroglyphen und Buchstaben

Heinrich Wilhelm Bensen

Hieroglyphen und Buchstaben

ISBN/EAN: 9783743361355

Hergestellt in Europa, USA, Kanada, Australien, Japan

Cover: Foto ©ninafisch / pixelio.de

Manufactured and distributed by brebook publishing software (www.brebook.com)

Heinrich Wilhelm Bensen

Hieroglyphen und Buchstaben

Hieroglyphen

und

Buchstaben.

Eine historische Studie

von

Dr. H. W. Bensen.

„Die Schrift ist die Zunge der Hand."
Abdallah Ibn Abba.

Schaffhausen,
Fr. Hurter'sche Buchhandlung.
1860.

Urgeschichte des menschlichen Geschlechts.

Von

A. Fr. Gfrörer,

ordentl. Professor d. Geschichte a. d. Univers. Freiburg.

Erster Band. gr. 8. eleg. geh. fl. 1. 48 kr. Rthlr. 1.
Zweiter Band. fl. 3. Rthlr. 1. 21 Ngr.

Ueber den zweiten Band speziell äußert sich die katholische Literaturzeitung von Wien vom 14. Februar 1856:

„Dieser zweite Band der Urgeschichte, der mit Spannung erwartet wurde und hinter der Erwartung nicht zurückblieb, behandelt in zwölf Abschnitten die Schicksale der Reiche Babylonien, Assyrien, Medien, Lydien, Aegyptien, Israel, sowie der Phönizier und der alten Griechen. Eine schwierige Periode für den Geschichtsschreiber! Die Nachrichten fließen spärlich, widersprechen sich, die Classiker reden anders als die Bibel, die Angaben sind vieldeutig. Dazu kommen die Funde, welche in neuerer Zeit in Aegypten wie in Babylon und Ninive gemacht worden sind, und der Streit über die Lösung der Räthsel, welche sie bieten. Wahrlich es ist ein schweres Stück Arbeit, auf diesem mit Hypothesen durchwühlten Boden einen festen Standpunkt der Betrachtung zu gewinnen, und in das Dunkel, welches die Nachlässigkeit der alten, wie die Grübeleien neuerer Schriftsteller über so ferne Zeiten verbreitet haben, einiges Licht zu bringen. Wir sagen einiges Licht, denn volle Klarheit ist unmöglich; gewisse Fragen der Periode der Geschichte der Menschheit werden nie mehr beantwortet werden können. Soweit es aber menschlichem Wissen und Scharfsinn möglich ist, hat hier Gfrörer Zusammenhang in lose und sich widersprechende Angaben gebracht. Statt des verdummenden Dunstes der Schulmeinungen, den wir sonst in derartigen Büchern finden, ist hier Alles vom Licht des gesunden Menschenverstandes durchdrungen. Die Darstellung ist klar und einfach; der Verfasser legt uns die Fragen vor und führt uns durch all' ihre Schwierigkeiten zu ihrer Lösung; dadurch wird das Buch so lehrreich und spannend. Keiner legt es ohne Bereicherung seines Wissens und ohne den Genuß aus der Hand, den der Anblick scharfsinniger und erfolgreicher Thätigkeit gewährt."

Zur Geschichte Wallensteins.

Von

Fr. von Hurter.

geh. fl. 2. 36 kr. Rthlr. 1. 15 Ngr.

Vorwort.

Vorliegende Ausarbeitung macht keinen Anspruch auf Vollständigkeit. Diese würde ein Werk von mehreren Bänden erfordern. Nur gewisse Gesichtspunkte für künftige Forschungen sollten schärfer bezeichnet werden. Auf den ersten Blick wird man hier Manches für unbedeutend oder für überflüssig erachten. Erwägt man aber den innern Zusammenhang genauer, so möchte doch die Tendenz der kleinen Schrift: „Darlegung des Verhältnisses der Hieroglyphik zu der Buchstabenschrift," ziemlich genau festgehalten erscheinen. Mancher wichtige Moment konnte besser ausgeführt, manches Beispiel glücklicher gewählt werden. Jedoch die Beschränktheit meiner Mittel erlaubte mir nicht, gar manches erwünschte Buch zu benutzen, dass sich nur in grossen Bibliotheken findet.

Uebersicht.

§ 1. **Die Erfindung der Schrift.** — (Die alten Sagen.)

§ 2. **Die Bilderschrift.** — (Die Unterstützung des Gedächtnisses durch äussere Zeichen. Das bildliche Element in der Sprache. Mythos und Symbolik. Die mexikanische Bilderschrift; als ein Beispiel einer, durch äussere Verhältnisse in ihrer Entwicklung gehemmten Bilderschrift.)

§ 3. **Die Schrift der Dschinesen.** — (Die Unbehülflichkeit der Sprache zu der Beschränktheit der Schrift. Daher die Möglichkeit der Entstehung einer Begriffsschrift, welche ohne Kenntniss der Sprache verständlich ist.)

§ 4. **Die Buchstabenschrift.** — (Die Möglichkeit der Buchstabenschrift. Dewanāgarī; Beispiel eines in sich vollendeten, der Sprache genau angepassten Alphabets. Erscheinungen bei der Uebertragung der Alphabete.)

§ 5. **Die Schrift der Aegypter.** — (Das Verhältniss der ägyptischen Sprache zur Schrift. Die Entwicklung einer Lautschrift aus der Hieroglyphe, und die dauernde Beschränktheit der ersteren).

§ 6. **Die semitische Schrift und deren Abzweigungen.** — (Ein vorläufiger Bericht.)

§ 7. **Die Erfindung der semitischen Schrift.** — (Sind die Phönicier die Erfinder dieser Schrift?)

§ 8. **Buchstaben und Hieroglyphen.** — (Die semitische Schrift ist bei einem Volke der Wüste entstanden und eine abgekürzte Hieroglyphenschrift.)

§ 9. **Kuschiten und Babylonier.** — (Ein historischer Bericht über die Völker, bei welchen wahrscheinlich die Buchstabenschrift zuerst in Uebung kam.)

§ 10. **Ein Resultat.** — (Hypothese über die Verbreitung der ältesten Buchstabenschrift).

§ 11. **Die Wanderung der Buchstaben nach Westen.** — (Die Jonier. Die fremden Ansiedler in Hellas. Kadmos. Das älteste griechische Alphabet. Das jonische Alphabet. Die Vergleichung des semitischen Alphabets mit dem griechischen. Die Consonanten (liquidae, tenues, sibilantes, gutturales oder aspirantes). Das Digamma. Υ und ν. Die Diphthongen.

§ 12. **Schluss** — (Die Hieroglyphik der Natur.)

§. 1.
Die Erfindung der Schrift.

Die wunderbare Erscheinung, die innersten Regungen des Geistes Andern in geordneten, kennbaren Lauten mitzutheilen, gewöhnte man leicht, denn mit dem Gedanken entstand auch das Wort. Dieses Wort aber in Zeichen festzuhalten und so ausgeprägt in entfernte Gegenden zu versenden, den spätesten Nachkommen zu überliefern, erschien schon den alten Völkern als etwas höchst Erstaunenswerthes. Daher wissen die frühesten Mythen Viel davon zu berichten. Fohih und und Thot, der Gottheit näher stehend, werden als Erfinder der Buchstabenschrift genannt. Alle versetzen die Schreibkunst in die höchsten Zeiten. Nach arabischen Sagen schrieb schon Adam auf gehärtete Backsteine, nach Andern war Seth, den ein Engel ein Buch über Sternkunde brachte, der Erfinder der Schrift, oder dessen Sohn Enoch oder Edris. Die Söhne Seths gruben nach Josephus ihre astronomische

Weisheit in zwei Säulen ein, deren eine von Felsgestein, die andere von Backsteinen. (Eine Erinnerung an die babylonischen Ziegel.) Nach Berosus (Syncelli Chron. p. 30. 31.) verbarg Xisuthros von Kronas über den Beginn der allgemeinen Fluth (sin-fluot) gewarnt, die Bücher in der Sonnenstadt Sispara, woher sie dessen Nachkommen wieder hervorholten und den Menschen übergaben. (Anmerk. 1.)

Um alle Widersprüche zu vermitteln, trug man sich mit einem Uralphabet, von welchem jede weitere Schriftart herstamme, mehr oder minder verdorben und abgewichen. In diesem Uralphabet sollen die Gesetztafeln verfasst worden sein: „geschrieben mit dem Finger Gottes" (בְּאֶצְבַּע אֱלֹהִים, Exodus III. 31, 18.) Dasselbe Alphabet aber etwa in irgend einer Inschrift nachzuweisen, unternahm wohl Niemand. Selbst die Talmudisten, so reich sonst an seltsamen Sagen, versuchten sich hier nicht. (Anmerk. 2.) Der Uebertragung

---

Anmerk. 1. „*Τὸν Κρόνον αὐτῷ κατὰ τὸν ὕπνον ἐπιστάατα φάναι μηνὸς Δαισία πέμπτῃ καὶ δεκάτῃ τοὺς ἀνθρώπους ὑπὸ κατακλυσμοῦ διαφθαρήσεσθαι· κελεῦσαι οὖν διὰ γραμμάτων πάντων ἀρχὰς καὶ μέσα καὶ τελευτὰς ὀρύξαντα θεῖναι ἐν πόλει ἡλίου Σισπάροις.*" Syncellus Chron. p. 30.

Anmerk. 2. Wie willkürlich die Cabalisten verfuhren, kann man aus Corn. Agrippae occulta philosophia lib. III. cap 29 u. 30 ersehen. In ihren Schriftarten, der scriptura colestis, script. Malachim, script. transitus fluvii, finden sich die Buchstaben ganz verschiedener Alphabete mit, wahrscheinlich, selbsterfundenen Zeichen wunderlich durcheinander gemengt.

der Alphabete von einer Nation zu der andern, oder von jenen Veränderungen und Zusätzen, wird von sichern Historikern der alten Zeit Erwähnung gethan. Man hört von neuentstandenen Alphabeten, die aber immer schon das Dasein einer frühern Buchstabenschrift und deren Begriff voraussetzen.

Wie nun nach und nach die Wiederbelebung der wissenschaftlichen Studien auch die Dunkelheit der ältesten Geschichte zu durchleuchten, sich bestrebte, suchte man auch wieder nach dem Ursprung der Buchstaben schrift. Man fragte, wie denn überhaupt eine solche Erfindung möglich gewesen sei? ob sie zufällig gemacht, oder aus der scharfsinnigen Erwägung eines Einzelnen hervorgegangen? Ob sie sich vielleicht allmälig entwickelt habe? — Auch mystische Versuche erneuerten sich. Da Viele, besonders Theologen, an der Ursprünglichkeit der gegenwärtigen Hebräischen Schrift nicht zu zweifeln wagten, so konnte es geschehen, dass Helmont in allem Ernste aus der Form desjenigen Sprachwerkzeugs, welches bei der Hervorbringung eines gewissen Sprachlauts vorzugsweise thätig sei, die Gestalt des Buchstabens herleiten wollte, welcher diesen Laut bezeichnet. Andere schauten nach den Bildern des Thierkreises, nach den Zeichen der Planeten, und dergl., um in ihnen den Ursprung der Buchstaben zu finden. (Anmerk. 3.)

Anmerk. 3. Dahin gehört auch eine kleine, seltsame Schrift: „Unumstösslicher Beweis, dass im Jahre 3446 vor

Als nun das Studium der Paläographie, erwachsen aus dem Durchforschen der Urkunden des Mittelalters, auch den uralten Inschriften auf Felsenwänden und Fundsteinen sich zuwendete, als man anfing, die Schriftzüge der frühern Culturvölker nach deren Sprachen zu sondern, so konnten kecke Hypothesen nicht mehr sich behaupten. Obgleich man die Hieroglyphen der Aegypter noch nicht zu enträthseln vermochte, so begann man doch, aufmerksam gemacht durch einige Schriftstellen, welche sich bei den Kirchenvätern erhalten hatten, das Wesen derselben, besser zu erfassen. Man nahm wahr, dass Namen Hebräischer Buchstaben wirkliche — concrete — Gegenstände bezeichneten und ahndete einen Zusammenhang. Es liess sich vermuthen, dass jene Schriftzüge diese Gegenstände hieroglyphisch darstellen möchten, indem sie zugleich den Laut bezeichneten, mit welchem das Wort beginnt, das jenen Gegenstand uns nennt. So kam man dem Räthsel, welches die Buchstabenschrift deckt, etwas näher. Doch blieb noch das Meiste dunkel und verwirrt, bis die Forschungen trefflicher Gelehrten unserer Zeit es gestatten, hier mit etwas grösserer Bestimmtheit zu sprechen.

Christus am 1. September die Sündfluth geendet habe und die Alphabete aller Völker erfunden worden seien. Leipzig, 1840 — Reflectirend erfundene Alphabete von Thomas Morus, Charles de Brosses etc. sind bekannt.

Was aber nun hier dargelegt werden soll, ist nichts Neues gerade, oder Unerhörtes. Es ist nur ein Versuch über die Erfindung der Lautschrift und über die Verhältnisse bei deren Entwicklung, besonders im Bezug auf unsere westländischen Alphabete, eine möglichst klare Anschauung zu geben. Ein Versuch begnügt sich aber mit einem Abriss. Es kann hier nicht der allmälige Fortschritt in den Forschungen der Gelehrten, nicht der Kampf ihrer widerstreitenden Ansichten gezeichnet werden. Die Paläographie wird nur soweit berührt, als sie den Gegenstand wesentlich erläutert.

Eben so werden historische Berichte geprüft und angewendet. Dass bei der Darlegung eigener Ansichten auch die Forschungen bekannter Gelehrten, obgleich Citate nur sparsam gegeben, häufig benutzt wurden, wird man wohl natürlich finden.

§. 2.
Die Bilderschrift.

In jedem Winkel der Erde findet man Hieroglyphen, sagt schon der gelehrte Zoega. Sehr natürlich. Auch der Wilde findet sich gedrängt, Begebenheiten, die ihm merkwürdig scheinen: Gefechte, Jagden, die Ankunft von Fremdlingen und dergl. abzubilden, so gut es gehen will. Bilder dieser Art sieht man auf glatten Felsenwänden im Capland, wie in der Steinwüste des Sinai, in Scandinavien, wie in Nordamerika. Nebenumstände durch besondere Zeichen: Zahlen durch Striche, Jahreszeiten durch das Bild ihrer Erzeugnisse beizufügen, liegt nahe. Der Delawaren-Krieger zeichnete sich die Zahlen der erbeuteten Scalpe an einen liebgewonnenen Baum, ein besonderer Strich unterschied den Scalp eines Weibes von dem eines Mannes. Alle diese Mittel, sich etwas zu merken, gehören gewissermassen hierher: das teutsche Kerbholz, wie der farbige Knotengürtel — quippo — der Peruaner, an den sich die Geschichte der Vorfahren knüpft. Auch die Walenzeichen, (eine Faust mit vorgestrecktem Zeigefinger) auf dem Harz und dem Fichtelgebirge, welche Kundigen die Eingänge zu den heimlichen Schachten und Stollen nachweisen, sind nichts Anderes. Die alten Patriarchen begnügten sich, zum Gedächtniss einer Begebenheit, Steinhügel zu errichten, Genesis 28, 18; 31, 45 etc.

Aus den rohen Abbildungen und einfachen Merkzeichen geht nun allmälig die Bilderschrift hervor, die es unternimmt, Ereignisse, auch in den besondern Beziehungen kennbar, darzustellen, bis sie sich an die Begriffe, an die Bezeichnung des Uebersinnlichen wagt. — Welche Fortschritte der Cultur aber setzt Dieses voraus? Wie muss sich der Geist des Volks in seinen Ansichten geläutert, in seinem Erkennen geschärft haben?

Doch auch in der Sprache eines Volks nehmen wir eine ähnliche Entwicklung wahr, welche mit dem Fortschritte der Bilderschrift in einem innigen Zusammenhange steht. — Die Sprache hebt an mit der Bezeichnung der sinnlich erfassten Gegenstände — der einfachsten Begriffe — durch den Laut. Es kann als eine Unbeholfenheit erscheinen, dass früher die Zahl dieser Begriffsbezeichnungen weit grösser ist, als in einer spätern Stufe der Sprachbildung, indem für jeden Begriff in seiner Besonderheit ein eignes Wort besteht. Wächst die Sprache durch Worte Zusammensetzungen, welche die verschiedenartigen, feinern Abstufungen andeuten, so veraltet gewöhnlich eine Zahl früherer, einfacher Begriffsbezeichnungen.

Noch früher, als in dem Menschen der überlegende, begriffspaltende Verstand zur Herrschaft kömmt, schafft in ihm die lebensvolle Poesie mit ihren unmittelbaren Anschauungen. Es entsteht die Trope. Die Sprache setzst für einen empirischen Begriff einen andern, der zu jenen in gewisser Beziehung zu stehen scheint; (Degen für Mann, Kunkel für Frau, Kunkellehen,) oder legt dem Sinnlichen eine übersinnliche, abstrakte Bedeutung bei, es wird $\sigma\kappa\tilde{\eta}\pi\tau\rho\sigma\nu$ = Königsgewalt, laurea = Ruhm; "$\tilde{\wp}\ \check{\varepsilon}\delta\sigma\varkappa\varepsilon\ Z\varepsilon\grave{\upsilon}\varsigma\ \sigma\varkappa\tilde{\eta}\pi\tau\rho\sigma\nu\ \tau'\ \mathring{\eta}\delta\grave{\varepsilon}\ \vartheta\acute{\varepsilon}\mu\iota\sigma\tau\alpha\varsigma$. Il. II. 206; — quam lauream cum tua laudatione conferrem, Cic. ad Div. XV.) Dieselbe poetische Anschauung, welche die Trope erzeugt, indem sie den Zusammenhang zwischen dem Begriffe und dem Bilde vermittelt, wirkt auch häufig in der Local-Sage, indem sie in irgend einem Naturgebilde — von dem thränenden Felsen der Niobe auf dem Sipylos bis zu „Mönch und Nonne" bei der Wartburg — eine Hieroglyphe erblickt, zu der sie eine erklärende Erzählung dichtet.

Den empirischen Begriff — concreten Gegenstand — durch ein Bild vermöge der Aehnlichkeit darzustellen, liegt sehr nahe. Diese Aehnlichkeit kann aber zuweilen nur mühsam erzielt werden. Das Bild nimmt daher bald eine stereotype Form an; d. h. es werden gleichsam nach einem Uebereinkommen, gewisse kennbare Züge desselben festgehalten, die dann noch mancherlei Verkürzungen erfahren. In den ägyptischen Hieroglyphen z. B. bezeichnet ein einfacher Umriss den Löwen, die Dschiraffe, den Sperber etc., dann aber wird auch das mit wenigen Strichen angedeutete Haupt des Thiers für dasselbe selbst gesetzt. — Mit der Zusammenstellung einfacher Begriffsbilder verhält es sich fast wie mit der Zusammenfügung einfacher Hauptbegriffe zu einem Wortganzen. Auch jene kann bis zu einer Composition fortschreiten, welche der Zusammensetzung eines Hauptbegriffs mit einer unvollkommen substantivischen oder adjektivischen Ableitungsendung gleichkommt; (s. unten die Mischbilder der Aegypter.)

Da die Trope gleichsam ein Sprachbild ist, so entsteht ihre Aufnahme in die Bilderschrift von selbst. Wie der Verstand zuerst mancherlei Vorstellungen in einem Begriff zusammenfasst, so abstrahirt er auch von verschiedenartigen Dingen Etwas, was sie gemeinschaftlich haben, und gewinnt so den höheren — übersinnlichen — Begriff der Eigenschaft. Nun wendet schon die Sprache hier Tropen an, indem sie die Wortbezeichnung eines Dings, welches eine gewisse Eigenschaft vorzugsweise besitzt, für diese selbst gebraucht; z. B. robur, Steineiche für Kraft, oder ἴς, die Sehne, zunächst am Halse, für Kraft; (ἵνα τάμῃ διὰ πᾶσαν, Il. 17, 522, dagegen ἲς ἀνέμοιο, *ποταμοῦ* etc.) Dieses Verfahren nachzumachen ist der Bilderschrift leicht gegeben, wobei die nationalen Ansichten ihre Verschiedenheit auf interessante Weise bethätigen. (Anmerk. 4.)

Unter dem Einflusse des nationalen Mythos entstehen die Symbole, 'diese, zunächst irgend einem Götter- oder Menschenbilde beigegeben, sind bestimmt, dessen besondere Eigenschaften und Verhältnisse zu bezeichnen. In den früheren, roheren Darstellungen fällt das Symbol häufig mit dem Hauptbilde zusammen und es erzeugen sich jene ungeheuerlichen Gestalten, wie sie die Denkmäler der Hindus und Aegypter aufweisen. (Doch auch bei den Hellenen waren die schlangenfüssigen Giganten, die erdgebornen *γηγενεῖς*.) Dann werden in den plastischen Werken wie in der

---

Anmerk. 4. Hier wirkt besonders der Mythos ein. So erhält z. B. die Schlange die Bedeutung: der Lebenskraft und Selbstverjüngung (Mythos des Asklepios) — der Heilkraft (Moses IV. 24) — der wohlthätigen Gotteskraft (Aegypten) — des Ackerbaues (Mysterien der Demeter) — der Erde (in den ältestesten Mythen der Hellenen) — der Scharfsichtigkeit (auch phonetisch: *δράκων* von *ἔδρακον*, *δέρκω* — Falschheit, böses Princip (Genesis) — der Ewigkeit (Schlange sich in den Schwanz beisend, orphische Mystik) etc. — Da nun auch in der Sprache die intellektuellen Begriffe: Tugend, Weisheit etc. ihre höhere Bedeutung nur allmälig, durch die Philosophie, erhalten, so darf man auch in der Bilderschrift keine grössere Schärfe erwarten. So ist *σοφία* zunächst jede Geschicklichkeit: des Zimmermans, Il. XV. 412 — Tonkunst, Homer *εἰς Ἑρμῆν*, 483 — Dichtkunst, Pind. Olymp. IX. 191 — vermöge der Zaubergesänge (incantationes) Beschwörungskunst — Staatskunst etc. Wie weit bis zur göttlichen Sophia!

heiligen Bilderschrift die Symbole den Göttergestalten nur als erläuternde Nebenglieder beigefügt, bis die darstellende Kunst, zu dem Ideellen sich aufschwingend, die Symbole zurückdrängt und nur als **Attribute** gelten lässt, welche das Dargestelle kennbarer machen, ohne dessen Schönheit zu beeinträchtigen. Dieses vermittelt die bildliche Allegorie, indem Bogen und Pfeilköcher die Ἄρτεμις ἰοχέαιρα eben so deutlich bezeichnet, als das Rad die heilige Katharina.

Aus der Trope wird die Metapher, indem man dem Hauptbild ein anderes Bild gegenüber stellt und die Prädicate des letztern dem erstern beilegt. Auch dieses ist in der Bilderschrift ausführbar. Z. B. die Metapher: „das sterbende Jahr" liesse sich durch die Zusammenstellung der Zeichen für Jahr und für Tod, Sonnenscheibe und liegender Mann? leicht ausdrücken. Die Virginischen Indianer gebrauchten einst Bilder, um Begebenheiten festzuhalten. So bezeichneten sie die Ankunft der Weissen durch einen feuerspeienden Schwan, gar sinnreich die weisse **Farbe** der Fremdlinge, deren Ankunft über das grosse **Wasser** her, und deren **Hauptwaffe** in einem Bilde vereinigend. — Wie nun die Bilderschrift weiter schreiten konnte, um die Begriffe zu vervielfältigen, personale Bezeichnungen anzudeuten und die verschiedenen Zustände des Seins und des Handels auszudrücken, werden wir bei der Aegyptischen Schrift wahrnehmen. Doch sei es gestattet, hier einige Bemerkungen über die Mexikanische Bilderschrift voranzusenden, die eben dadurch, dass sie einen plötzlichen Stillstand in ihrer Entwicklung erlitt, interessant wird. (Wir beziehen uns hier besonders auf Humboldts: Vues des Condillères et Monumens des peuples indigènes de l'Amérique. Paris, 1816. tom. 1. p. 161 etc.) Um das Jahr unserer Zeitrechnung 648 liessen sich, von Nordwesten, aus dem geheimnissvollen Huehuetlapallan herkommend, die Tulteken auf der Hochebene Anahuac nieder. Von ihnen lernten die später eingewanderten Stämme — zuletzt die kriegerischen Azteken, um 1196. Das Land, aus welchem die Tulteken ihre Cultur mitbrachten, ist noch nicht enträthselt. Sie bauten Mais und Baumwolle an, verstanden Gold und Silber zu verarbeiten und Edelsteine zu schneiden, kannten das Sonnenjahr (mit dem Schalttag des Julianischen Kalenders) gründeten Städte und errichteten oben abgestumpfte Pyramiden als ihre Tempel; (noch sieht man nordostwärts von Mexico das Haus der Sonne, eine Spitzsäule von 171 Fuss senkrechter Höhe und 645 Fuss an einer Grundlinie und das Haus des Mondes 30 Fuss niedriger.) Während sie in ihrer epischen oder didaktischen Poesie das Versmass wohl zu beobachten wussten, stand ihre Bildnerei noch auf der Stufe der symbolischen Zusammensetzung zu grässlichen Gestalten.

Dieses Volk besass auch eine Bilderschrift. Bei der Ankunft der Spanier, zur Zeit Montezuma II., waren Tausende von Personen mit dem Malen von neuen Bildern und dem Abmalen von ältern beschäftigt. Sie gebrauchten hierzu theils einen papierartigen Stoff aus den feinen, haltbaren Fäden der Pite (einer Art Aloe) verfertigt, theils zugerichtete Hirschhäute und Seidentücher. Es gab da Schriften religiösen, genealogischen, astronomischen Inhalts; andere bezogen sich auf Landesgesetze, Abgaben der Provinzen, Processe u. s. w.

Diese Bilderschrift jedoch war von der Sprache des Volks fast ganz unabhängig. Sie bildete die Dinge entweder wirklich — kyriologisch — ab, oder suchte sie tropisch anzudeuten, und dieses auf ganz sinnreiche Weise. Eine Zunge über dem Bilde eines Mannes bezeichnete einen Lebenden, denn sprechen ist leben; eine Zunge aber bei einem Berg: einen Vulkan, gleichsam einen sprechenden oder lebenden Berg. Es gab eigentliche Hieroglyphen oder Zeichen für: Wasser, Erde, Luft, Wind, Tag, Nacht, Mitternacht, Bewegung, Tage, Monate, Sonnenjahr etc. welche dem Gemälde zur näheren Bestimmung beigefügt wurden. Provinzen werden durch die Bilder ihres Bodens oder ihrer Gewerbsthätigkeit bezeichnet. Städte durch eine geschickte Zusammensetzung von Zeichen genannt; (z. B. Quauhtinehan d. h. Adlerhaus, durch ein Haus, aus dem ein Adlerkopf heraussieht. Doch fehlte es den Mexikanern an Mitteln, um abstrakte Begriffe z. B. Hass, Rache und dergl.

auszudrücken. Dagegen wussten sie sich mit den Farben zu behelfen. So wurden die Landgüter des Königs violet, des Adels roth, der Gemeinen gelb bezeichnet.

Mit der spanischen Eroberung ging die mexicakanische Bilderschrift nicht sogleich zu Grunde. Die alten, in ihr abgefassten Gerichtsurkunden, wurden noch bis zu dem Jahre 1600 dem spanischen Obergerichtshof vorgelegt. Die Indianer, nach ihrer scharfen Auffassungsgabe, versuchten eine zeitlang ihrer Bilderschrift den neuen Dingen anzupassen. So drückten sie den Vornamen des Spaniers Pietro Alvarado durch 2 Schlüssel aus, wie sie das Bild des heil. Petrus in den christlichen Kirchen symbolisch bestimmt sahen.

Besonders instructiv ist hier das Bild eines Processes bei Humboldt, tom. I. p. 168, Platte V. Die 3 Richter mit grossen Hüten, sitzen auf Stühlen und haben die Gesetztafeln vor sich. Die Spanier sind durch ihre Bärte kenntlich. Die Parteien kauern rechts von den Richtern am Boden. Die eine — ein bartloser Indianer — dessen Namen durch das Bild eines Bogens bezeichnet wird; die andere ein bärtiger Spanier mit der Hieroglyphe des Wassers in grüner Farbe, also wahrscheinlich Aquaverde. Das Bild der Zunge, d. h. den Rede, ist bei den Indianern einfach, bei dem processirenden Spanier doppelt, bei den Richtern dreifach gefasst, wohl um anzudeuten, dass die letztern das Hauptwort führen, während der Indianer kaum zu sprechen wagt. Die Farbe der Zungen ist theils heller, theils dunkler. (?) Ein Spanier, auf dem Boden kauernd, gegenüber dem Eingebornen, hebt die beiden Hände hoch auf und wendet den bärtigen Kopf rückwärts. Drei sehr dunkle Zungen bezeichnen wahrscheinlich den Sachwalter des Gegentheils. In der Mitte der Personen befindet sich der saubere Grundriss des eingesetzten Meierhofs, mit dem Aufriss der Gebäude; der Streitgegenstand. Ein breiter Weg zieht sich durch das Gehöfte, dessen Länge durch das Maas der Schritte (Bilder eines Fusses mit einer Anzahl von Strichen) angedeutet wird.

Das Christenthum, mit Klugheit und Gewalt eingeführt, unterdrückte nach und nach die alte Landescultur. Die grässlichen Menschenopfer hörten auf, jedoch auch die früheren Kunstfertigkeiten verloren sich. Die Bilderschrift vermochte nicht mehr sich zu entwickeln, kam bald aus dem Gebrauch und antiquirte selbst bei den Gerichten, durch spanisch verfasste Urkunden ersetzt. (Anmerk. 5.)

War es nun nicht vielleicht unpassend, eine Bilderschrift zu beachten, welche einige Anfänge einer höheren Ausbildung zeigte, aber in ihr unterbrochen

---

Anmerk. 5. Kaiser Karl V. solle es (J. 1553), für nothwendig gefunden, neben 2 Professuren für die mexikanische Sprache, auch eine zur Auslegung der mexikanischen Bilderschrift zu errichten, zum Verständniss der genealogischen Tafeln, der alten Landesgesetze und Abgaben.

wurde, so mag es auch nicht unpassend erscheinen, einer andern zu erwähnen, welche, durch äussere Einflüsse zwar ungehemmt, vermöge einer eigenthümlichen Nationalität aber eine solche Starrheit gewann, dass sie den Uebergang zu der freien Lautschrift nicht zu erreichen vermochte.

§. 3.
Die Schrift der Dshinesen.

Eine ganz eigenthümliche Entwicklung zeigt die Schrift der Dshinesen"(Chinesen.) Obgleich sich vielleicht die ersten Anfänge einer Bilderschrift noch erkennen lassen, so geht doch die Neigung zum Nachmalen sinnlicher Gegenstände bald verloren. Ihre Schriftzeichen geben jetzt einfache Begriffe oder erweiterte, vermittelst der Zusammensetzung der Begriffszeichen. So unabhängig ist diese Schrift von der Landessprache, dass man jene lesen und verstehen kann, ohne von der letztern eine besondere Kenntniss zu haben, was bei unsern Sprachen als etwas Unmögliches erscheinen würde.

Obgleich nun Sprache und Schrift eigentlich ganz selbstständig sind, so stammen sie doch von demselben seltsamen Volksgeiste, und entwickeln sich auf eine ganz ähnliche Weise.

Beide gehen von gar kümmerlichen Anfängen

aus. Die Wurzelwörter vervielfältigen sich durch hinzutretende Aspiration und modulirende Accentuirung; die Wurzelzeichen durch hinzutretende Nebenzeichen; und beide schreiten durch Zusammensetzung der einzelnen Wörter oder der einzelnen Zeichen in der Bezeichnung der Begriffe fort. Wir bedürfen daher einiger Andeutungen über die Sprache, um ihr Gegenbild, die Schrift, in seiner Wesenheit zu erfassen.

Die Sprache der Dshinesen ist einsilbig. Jedes Wort besteht aus einen einzigen Vocal mit einem vorgesetzten Consonanten. Schreibt man bei uns auch ein Wort mit 2 oder 3 Vocalen, z. B. liao, so ist dieses blos der Versuch, um den unbestimmten Laut des Dshinesen nachzubilden. Solcher Anfangs-Consonanten giebt es 36, die aber so feine Nüancirungen enthalten, dass wir (nach Abel Remusat) nur etwa 26 richtig auszusprechen vermögen. Dagegen fehlen einige von unsern Consonanten. (Für unser R wird L gebraucht.) Zwei eigentliche Consonanten hintereinander sind dem Dshinesen unaussprechbar, da sich hier jeder Mitlauter auf einen Selbstlauter stützen muss; (ts und tsck sind einfache Consonanten und der Nasenlaut n oder ng, bezeichnet nur eine gewisse Modulation der Stimme.) Dadurch entsteht bei der Uebertragung von Fremdwörtern eine sonderbare Unbeholfenheit, aus crux z. B. wird cu-lu-su. Diese Endvocale aber — theils einfache Vocale, theils reine oder nasale Diphthongen — zusammen etwa 123, sind nicht alle für uns aussprechbar; — nach Remusat nur 45.

Die Zahl der Wurzellaute, welche die ersten und einfachsten Begriffe bezeichnen, ist sehr gering — nach verschiedenen Angaben: 328 bis 450. Diese vervielfältigen sich nun durch verschiedenartige Accentuirung. Es sind 5 Arten derselben leicht erkennbar, doch der feinere Dshinese vermag 8 bis 11 Arten der Betonung zu unterscheiden. Auffallend ist es, dass an den Gegenständen die durch einem Wurzellaut bezeichnet werden, aber dann eine verschiedene Betonung erhalten, kaum irgend eine Art von Verwandtschaft bemerkbar ist. So soll tschun bedeuten: Herr, Schwein, Küche, Säule, freigebig, zubereiten, alte Frau, brechen, geneigt, wenig, befeuchten, Sclave, Gefangener. (Anmerk. 6.)

Man musste daher nach Hülfsquellen suchen, um arge Zweideutigkeiten zu vermeiden. Zuerst durch Zusammensetzungen, indem man zu dem Wurzellaut einen erklärenden Begriff hinzufügt. So bedeutet z. B. fu sowohl Vater, als Beil. In dem erstern setzt man dschin, — den Begriff der Verwandtschaft — hinzu (fu-dshin, pa-ter, wie mu-dschin, ma-ter,) im zweiten: teu, d. h. Nacken, also: fu-teu, Beil-Nacken. Indem

---

Anmerk. 6. Allerdings ist auch zwischen (τὸ) ὄρος, (ὁ) ὄρος, (ὁ) ὀρός, (ὁ) ὄρος, eben so wenig Verwandtschaft der Bedeutung, als zwischen: Berg, Gränze, Molken, Bürzel.

man nun vielen Wörtern zugleich figürliche Bedeutung beilegte, so erwuchsen aus jenen Wurzellauten etwa 7700 (?) Wörter. Dabei giebt es fast keinen Unterschied der Redetheile. Ein Wort ist meistens Substantiv, Adjectiv, Zeitwort und Partikel zugleich. Die Bezeichnungen der Zeit, Zahl und Personen bei dem Zeitwort fehlen. Im gewöhnlichen Leben hilft man sich auf allerlei Weise. Z. B. ngo bedeutet **ich** und **poy viel**, das ergiebt: ich viel, d. h. **wir**. Oder: um den Genitiv auszudrücken, setzt man das Wort ti oder tié hinzu; nun heisst tsche calor, das Adjectiv calidus, drückt man dann gleichfalls durch tsche-tié, eigentlich caloris aus.

Wie ungefüg, schwerfällig, ganz dem steifen Charakter des Dshinesen angemessen, diese Sprache sei ergiebt sich aus diesem Wenigen wohl zur Genüge; allein gerade einer solchen Sprache gegenüber konnte sich eine eben so starre Begriffsschrift entwickeln.

Diese Schrift enthält weder natürliche — den sinnlichen Gegenständen nachgebildete — noch symbolische Hieroglyphen, weder eigentliche Sylbenschrift noch Buchstabenschrift. Sie spricht zu dem Auge, gleich unsere Zahlzeichen, die man in ganz Europa versteht, wenn man auch sonst die arabische Sprache nicht versteht.

Die ältesten Zeichen waren rohe Bilder — sianghing — concreter Gegenstände, ungefähr 200. Nach Anzahl und Auswahl deuten sie auf hohes Alterthum und einen sehr tiefen Stand der Cultur, wo von einem Staatsbau noch keine Rede ist. Vom Himmel nahm man 7 Zeichen; ein Bild bestand für Opfer; keines für den abstrakten Begriff: Gott; (jedoch der Kopf eines bösen Geistes;) ein anderes für: Zauberer, jetzt gebraucht für Aberglauben; kein Zeichen für: Stadt, Thurm, Befestigung, König, Gelehrter, Feldherr, Soldat; nur ein gebückter Mann, jetzt für Minister oder Unterthan gebraucht; von Kleidungen: das Zeichen einer Mütze und einer Schürze; von Waffen 9 bis 10 Zeichen; jedoch keines für Metalle, musikalische Instrumente, Münzen; von Hausthieren sah man: Hund, Schaaf, Schwein, Pferd; von wilden Thieren: Leopard, Hirsch, Ratte, Elenthier, Nashorn, 2 Arten von Hasen; von Vegetabilien: Reis, Hirse, einige Küchengewächse etc.

Nur aus einem dürftigen Leben konnte eine so arme Schrift hervorgegangen sein. Mit den Fortschritten der Cultur gewahrt man in der Ausbildung der Schrift zuweilen grossen Scharfsinn, jedoch auch dieselbe Unbeholfenheit, welche wir in der Sprache wahrnehmen. Die Zeichen oder Charaktere vervielfältigten sich auf verschiedene Weise: 1) man schuf das Zeichen für einen neuen Begriff durch Zusammensetzung mehrerer bekannten Zeichen. Da der Charakter für Nacht, ye, fehlte so verband man die Zeichen für: Finsterniss, Mensch, bedecken, d. h.: Finsterniss, Menschen bedeckend. König wird gegeben durch

Vereinigung der Charaktere für: Zepter, Auge, hoch. Fertigkeit im Reden durch die Zeichen für Gold und Mund (Chrysostomus.) Das Zeichen für Mund, d. h. ein Quadrat, von einer Linie senkrecht durchschnitten, bedeutet so viel als Mitte. 2) Auch auf die Stellung der Charaktere wird Rücksicht genommen; z. B. das Zeichen des Menschen, tsching über dem von Berg, schang, bedeutet: Eremit. Dahin gehört auch, dass man den Gegensatz eines Begriffs, durch das umgekehrte Zeichen des letztern ausdrückt. Derselbe Charakter, welcher einen Menschen darstellt, zeigt liegend: einen Leichnam. 3) Man legte den Zeichen concreter Dinge eine tropische Bedeutung bei. Der Charakter: Herz, bezeichnet also auch: Verstand, Geist; zusammengesetzt aber mit dem Charakter für Mitte ist er gleich: theurer Freund. 4) Man erfand neue Charaktere willkürlich .5) Ein besonderes Hülfsmittel, später sehr häufig gebraucht, ist die phonetische Zusammensetzung. Hier bestimmt der eine Theil des Charakters den Sinn und fixirt die Gattung, während der andere, mit dem Verluste seiner eigentlichen Bedeutung nur den Laut phonetisch anzeigt und gleichsam die Species nennt.

In der Sprache z. B. bedeutet li einen Ort, und einen Karpfen. Will man nun in der Schrift einen Karpfen bezeichnen, — wofür der einfache Charakter mangelt — so setzt man zu dem Charakter, welcher Fisch andeutet, also hier die Gattung angiebt, das

Zeichen für Ort, und erhält demnach den zusammengesetzten Charakter für Karpfen. (Ungefähr so wie wir nach unserer Sprache den Begriff: Büchse [archibuso] durch das Zeichen von Waffe und pixa andeuten könnten.) Besonders bezeichnet man auf diese Weise die Namen von Thieren, Bäumen und andern Pflanzen; ferner auch die Eigennamen, wo natürlich auf den Sinn gar keine Rücksicht genommen wird, sondern blos auf den Laut. — Zwar ist nun jene älteste, dürftige Schrift, ko-teu, deren Erfinder der mythische Fokih sein soll, ausser Gebrauch gekommen und es sind freiere, leichtere Schriftarten entstanden, allein der eigenthümliche Typus ist doch geblieben.

Diese wenigen Bemerkungen genügen wohl, um eine Ansicht von der eigenthümlichen Entwicklung einer Charakterschrift zu geben, welche nicht durch äussere Einflüsse, jedoch durch die Starrheit der Nationalsprache gehemmt ward, sich zur völligen Lautschrift auszudehnen, obgleich die ersten Anfänge vorhanden sind; und wir werden dadurch auf die Bedingungen aufmerksam, unter welchen eine solche Ausbildung überhaupt möglich sei. — Es ist blos noch hinzuzufügen, dass die Schriften des kon-fu-tse noch nicht 2500 Charaktere enthalten, während diese — einfach oder zusammengesetzt — sich die Zahl derselben wie man sagt, nach und nach auf 80000 vermehrte.

§. 4.
Die Buchstabenschrift.

Jede ungemischte, ursprüngliche Sprache ist das organische Erzeugniss eines Organismus, des Volkes. Daher drückt sie schon an und für sich dessen Eigenthümlichkeiten aus, wie sie durch desselben Erdstellung (Gebirg, Niederung, Meeresstrand, Wüste etc.) und Cultur bedingt werden. Die Elemente einer Sprache aber, die Grundlaute, kommen in der Erscheinung nicht abgesondert und leicht erkennbar vor, sondern stehen — wie die Elemente eines chemisch zu analysirenden Gebildes — mit einander in enger Verbindung. Ihre Ausscheidung und das Erkennen ihrer relativen Selbstständigkeit, erfordert daher nicht geringen Scharfsinn. — Für den ungewandten Sinn bietet sich daher auch zuerst die Abtrennung in Sylben dar, indem erst ein Consonant in Verbindung mit einem Vocal ein wirkliches — nicht blos durch Abstraktion erfassbares — Lautbild giebt, welches sich durch einen gewissen Charakter bezeichnen und festhalten lässt. Daher ist auch die Sylbenschrift älter als die Buchstabenschrift.

Die Sprache geht aus der Nation hervor, ward gesagt. Die Buchstabenschrift — das sogenannte Alphabet, — welches die Grundlaute der Sprache möglichst fein und scharf durch seine Charaktere darzustellen hat, kann nur die erkennbar machen, welche thatsächlich vorhanden sind, obgleich es Aufgabe ist, dieselben nach ihren feinern Nüancirungen zu erkennen. Da zeigt nun eine Vergleichung der Alphabete — schon weil die Sprachorgane der Völker verschieden sind — eine merkwürdige Verschiedenheit. Im Dshinesischen scheidet man nicht genau l von r, sondern es giebt nur einen Mittellaut zwischen beiden. Da aber auch die ägyptische Buchstabenschrift (s. unten) für dieselben beiden Laute nur ein Zeichen besitzt, so wusste man auch hier dieselben nicht zu trennen; was dagegen die sonst so arme Runenschrift thut. Die griechische Sprache kennt nur 2 eigentliche Zischlaute: ζ und σ (und dessen Verdopplung) und verwirft grundsätzlich die Laute: $\tau\sigma, \delta\sigma, \vartheta\sigma$. Dagegen unterscheidet die arabische Sprache sieben Laute dieser Art; woran man die Bemerkung zu knüpfen pflegt, das in den Wüsten eben so die Zischlaute gedeihen, als in den Gebirgen die, zum Theil unbezeichenbaren, Nüancirungen der Vocale.

Fragt man nun, auf welche Weise — den historischen Erfahrungen gemäss — überhaupt die Alphabete der Völker entstehen konnten, so findet sich ein dreifacher Ursprung derselben. Entweder ging 1) ein Alphabet aus der Hieroglyphenschrift hervor, oder 2) wurde es von irgend einem kundigen Manne, nach vorhergegangener Analisirung der Grundlaute der betreffenden Sprache, ein für allemal in, mehr oder minder willkürlich, erfundenen Charakteren hergestellt; 3) wurde das Alphabet von einer andern Nation her übertragen, erlitt jedoch durch Berücksichtigung der Sprachverschiedenheit mancherlei Zusätze und Veränderungen.

In Beziehung auf das Entstehen der Alphabete der ersten Art, wird die nachfolgende Untersuchung über die ägyptische Lautschrift einigen näheren Aufschluss geben. Obgleich es nun nach dem gegenwärtigen Stande der Philologie vielleicht als leicht erscheinen mag, vermöge genauer und feiner Forschung die Grundlaute einer lebenden Sprache herauszuhören und durch gewisse Charaktere für immer festzuhalten; so bleibt es immer noch eine Frage, ob irgend ein Weiser, ohne alle Kunde von einem aus der Bilderschrift erwachsnen Alphabete, es vermocht hätte, aus eignem Scharfsinn den Gedanken einer Lautschrift zu gewinnen und dieselbe seiner Sprache anzupassen. Es giebt im Grunde auch nur Ein Beispiel, wo man mit einiger Wahrscheinlichkeit behaupten darf, dass die Lautschrift selbstständig, ohne Vermittlung von Aussen her (Anmerk. 7.) erfolgt, und der Sprache genügt habe. Dieses ist die Devanāgarī, die Götterschrift der Brahmanen. Deren feine Ausbildung hing aber von besonders glücklichen Umständen ab und ihren Verhältnissen zu der Sanskrita.

Sanskrita, die Mutter der Sprachen, deren Wurzeln sich bei alle Völker bewahren, welche nach der persischen Sage einst am See Lop sich trennten, die einen, um ostwärts nach dem Amurlande zu wandern, andere südwärts über den Himalaya, um an dem heiligen Strome des Ganges die Wohnsitze in der Cultur des Airyâ Varta zu gründen; andere westwärts nach den Flächen Turans, und andere nach den Hochebenen Persiens und von da weiter nach der Abendsonne zu, bis ihnen der Ocean eine Gränze für Jahrhunderte setzte.

Sanskrita, d. h. die „vollkommene" führt ihren Namen nicht umsonst. Längst ausser Gebrauch gekommen, nur in alten Schriften niedergelegt und in den Schulen der Brahmanen noch geübt, enthält sie in sich selbst das Zeugniss von jener Zeit, wo sie als Resultat eines selbstständigen Bildungstriebs erwuchs.

Anmerk. 7. Auch hier giebt es noch bedeutsame Zweifel, wenn sich erst eine uralte Verbindung zwischen Aegypten und Vorderindien nachweisen lässt. Was die Runenschrift betrifft, so deuten scandinavische Landessagen auf einen Verkehr mit Asien hin, der sich wohl weder bejahen noch verwerfen lässt.

Ungefähr 500 ursprüngliche Wurzeln lassen sich erkennen, einsilbige, entstanden aus dem Hinzutreten eines Consonanten zu einem Vocal, dann auch zuweilen verstärkt durch einen am Ende beigefügten Consonanten, und endlich durch die sinnreichsten Zusammensetzungen ausgebildet. (Anmerk. 8.)

Während nun die dshinesische Schrift frühzeitig begann, wo die Sprache noch sehr arm und ungefügig war, so hemmten sich bei weiterer Fortbildung Sprache und Schrift gegenseitig und es nahm die Unbehülflichkeit beider so zu, dass auch der grösste Scharfsinn sie nicht volltsändig zu bewältigen ver-

---

Anmerk. 8. Die Sanskrita ist die Schiedsrichterin für die Streitigkeiten der Philologen. Denn aus ihr finden undeutliche Wurzeln des Griechischen und Lateinischen, desgleichen obsolete Formen ihre Erklärung, ebenso wie sich in jenen Sprachen zuweilen einfache Wurzelformen erhielten, die sich in der Sanskrita durch Verstärkung erhielten. — Ob man quatuor oder quattuor zu schreiben habe, wird durch tschatur entschieden, die Vermittlung zwischen ποιέω und facio weist das sanskrit. pä, „seyn" und das verwandte faktitative pak, „machen" (eigentlich: „seyn machen") nach; die Formen οἴκοι (eigentlich οικο—ι) und domi erklären sich aus der Endung des sanskr. Lokativus: i; viduá, (althocht. vitava) findet seine Ableitung aus: vi-dhavà, „ohne Mann" (von dhavas,) πόλις von pal, herrschen, pallis Residenz etc. — Unsere Wortbildungssilben erhalten durch die Sanskrita Leben (z. B. unser Suffiqum ner entsteht aus nar, Mann, daher Weidner s. v. a. Weidmann.) Mag man nun „Mensch" (althocht. manisko) vonn Manusha, Sohn (des Manu) vgl. Tacit. Germ. VI. oder un mittelbar von man, denken (manai, Geist) ableiten, so wird „Mensch" immer die Bedeutung eines denkenden Wesens sich bewahren.

mochte. Dagegen war die Sanskrita schon so weit vorgeschritten, dass der Erfinder der Dewanāgarī thatsächlich der Sprache zu Hülfe kam. Diese Erscheinung lag in den Verhältnissen. Die Brahmanen pflegten nämlich die Kenntnisse von ältester Zeit her in Versen festzuhalten, welche ihre Schüler auswendig zu lernen hatten; eben so wie auch die Druiden der Kelten verfuhren, obgleich der griechischen Buchstabenschrift kundig; (Anmerk. 9.) Selbst bei den Gerichtshöfen kannte man keine geschriebenen Gesetze (nach Megasthenes bei Strabo p. 1035,) sondern diese wurden, wie bei den alten Deutschen im Gedächtnisse festgehalten. Das Alter dieser Dewanāgarī-Schrift kann man allerdings kaum angeben, (in den Vedas wird Lesen und Schreiben als etwas Gewöhnliches erwähnt, in den ältesten Epen wird likh malen, für schreiben gebraucht,) allein dass dieselbe schon für die Bedürfnisse einer höheren Cultur berechnet war, ist sichtlich.

Diese Schrift selbst zeigt keine Spur, das sie aus Hieroglyphen durch Abkürzung entstanden sei.

Anmerk. 9. Bailly in der Histoire de l'astronomie erwähnt, dass die Brahmanen selbst die Regeln über den Mondlauf in Verse gebracht haben und sich derselben bedienend, indem sie dieselben bei den Berechnungen der Mondfinsternisse herbeten, überraschend genaue Resultate gewinnen. — Ueber die Druiden vgl. Caesar de Bell. Gall. VI. Mancher Druidenschüler lernt wohl 20000 Verse auswendig, welche die Unterrichtsgegenstände betreffen.

Eben so wenig hat sich eine Aehnlichkeit derselben mit abendländischen Alphabeten nachweisen lassen. Im Bezug auf die Form der Buchstaben kann man kein System wahrnehmen. Sie scheinen ganz willkürlich erfunden zu sein. Das einzige Gleichmässige ist unter ihnen, das sie meistentheils einerlei Höhe besitzen. Dagegen sind sie wohl berechnet, um alle die feinartikulirten Laute der Sanskrita scharf und deutlich zu bezeichnen. (Die Dewanāgarī enthält 10 Buchstaben für einfache Vocale, 4 für Diphthongen, 33 für Consonanten, zusammen mit den Zeichen Anuswāra und Wisârga: 49 Buchstaben.

Was nun die Erscheinungen betrifft, welche bei dem Uebertragen der Alphabete eintreten, so sind diese gerade für uns besonders wichtig. — Erhält ein weniger cultuvirtes Volk die Kenntniss der Buchstabenschrift von einem höher cultivirten — wie es wohl stets der Fall ist — so steht das Alphabet und die Landessprache anfänglich starr einander gegenüber. Denn es sind gewöhnlich nicht nur die Grundlaute der beiden Sprachen mehr oder weniger verschieden, sondern diese Laute stehen auch in andern Verbindungen zu einander, so dass sich die Lautzeichen, welche für die auswärtige Sprache berechnet waren, wenig eignen, um die Laute des empfangenden Volks zu bezeichnen. — Man sagt nun insgemein: in einer weniger cultivirten Sprache gehen die einfachen Laute so in einander über, und erzeugen deshalb eine solche Menge von doppelten und dreifachen Lauten, dass man dieselben kaum zu zerlegen, noch weniger durch Charaktere zu bestimmen vermag. Das ist richtig. Denn man erkennt z. B. leicht die Schwierigkeiten, welche sich darbieten, wenn man unsrere südteutschen Mundarten in Buchstaben ausdrücken und so lesbar machen will. Nur füge man hinzu: eben weil diese Volksmundarten nur selten in ihrer Wesenheit durch die Schrift bezeichnet wurden, haben sich die einzelnen Laute nicht genau gesondert und die undarstellbaren nicht ausgeschieden. Desswegen sind in der thüringischen Mundart diese mittlern Lautübergänge, im Vergleich mit der altbayerischen, sehr selten, weil jene der deutschen Schriftsprache sich am meisten nähert und hier die Rückwirkung von der Schrift auf die Sprache sich äussert. (?) (Anmerk. 10.)

Ist nun ein fremdhergebrachtes Alphabet bereits etwas eingebürgert, so tritt, sei es durch Gewohnheit des Schreibens, sei es durch das Nachdenken scharfsinniger Männer, allmälig eine Annährung zwischen jenem und der Landessprache ein. Das Ergebniss hiervon kann sehr verschieden sein.

Anmerk. 10. Auch plattdeutsche Mundarten lassen sich zum Theil leicht und richtig in Buchstaben bezeichnen, weil man dieses seit Jahrhunderten übte.

Wird das Alphabet durch irgend einen Umstand unverändert festgehalten, z. B. wie in Deutschland durch den Einfluss der lateingelehrten Priesterschaft, während die Sprache noch wenig ausgebildet ist, so wirkt jenes auf diese deprimirend. Manche Urlaute müssen geradezu ausscheiden, oder werden mit andern vertauscht, welche der Fremdsprache annährend, leichter zu bezeichnen sind. Da währt nun öfters langezeit eine Unsicherheit in der Schreibweise, indem auch scharfsinnige Männer zweifeln, ob man einen Urlaut ihrer Sprache (einen sogenannten Mittellaut) mit dem einen oder andern Buchstaben des Fremdalphabets ausdrücken solle, bis sich eine Regel zwar feststellt, die aber vermöge gewisser Ausnahmen noch oft auf den alten Zwiespalt in der Schreibweise hindeutet. — In einem andern Falle, wo die Nationalität stärker ist, als der aufgedrungene Gebrauch, geschieht es, dass einzelne Buchstaben des Fremdalphabets wegfallen, und andere, willkürliche Zeichen geschaffen werden. Auf ähnliche Weise verfuhr Ulphilas (um 355), als er das griechische Alphabet der gothischen Sprache anzupassen suchte. Er schied ψ und ξ aus, nahm für o und ω nur ein Zeichen: Ω, aber zwei für Jota, und zwar ï am Anfange der Sylbe, ı in derselben; h für h an der Stelle des griechischen η; Y als das reuchlinisch ausgesprochene v d. h. ν an der alten Stelle; Ģ als j an der Stelle von X, χ d. h. f. oder Bau an den Stelle von φ; und fügte unabhängig die

Zeichen π für u, v für q und ʘ als hv, d. h. W. hinzu. (Für das griechische Θ, ϑ, nimmt er das Zeichen ɸ an jenes Stelle), — weit grössere Veränderung sehen wir in dem ursprünglich griechischen Alphabete, bei den Russen, um vermittelst von 13 Vocalen, 2 Halbvocalen oder vielmehr diakritischen Zeichen und 21 Consonanten, den hier so wesentlichen Unterschied der harten und weichen Laute auszudrücken). Entwickelt sich aber eine Sprache selbstständig, trotz den Hemmungen des Fremdalphabets, so ereignet sich der dritte Fall, dass an ein Buchstabenzeichen — besonders an Vocalzeichen — eine Vielfachheit von ganz abweichend nüancialen Lauten sich bindet, ohne dass man nur eine bestimmte Regel darüber aufstellen kann. Man muss es alsdann dem Leser nach seinen Erfahrungen überlassen, den richtigen Laut zu treffen, der in einem besondern Falle erheischt wird. Doch auch hier bleibt sich die Gewohnheit nicht gleich, sondern im Verlaufe der Zeit ändern sieh die feinen Laute nach der Mode der tonangebenden Hauptstadt. (Anmerk. 11.)

Anmerk. 11. So bezeichnet z. B. nach J. Walker's Critical Pronouncing Dictionary im Englischen: z. B. der Vocal o nicht weniger, als 4 ganz verschiedene Laute, die man blos durch Uebung recht erlernen kann. Bekannt ist aber, dass man u. 2. welches jetzt gleich: dem eu im Franz. neuf tönt, im Anfange des Jahrhunderts wie ein kurzes o aussprach.

Diese einfachen, kurzen Bemerkungen sind nicht ohne Wichtigkeit. Dieses wird sich deutlicher ergeben, wenn wir von der Uebertragung des phönicischen Alphabets nach Griechenland und von dem Kampfe einer Rechtschreibung sprechen.

§. 5.
Die Schrift der Aegypter.

Die Entwicklung einer Schrift von den ersten Anfängen bis zu den Lautzeichen oder Buchstaben zeigt sich am deutlichsten bei den alten Aegyptern. Dieses höchst sinnreiche Volk hat aus ursprünglichem Scharfsinn auch hier einen Organismus geschaffen, der sich sowohl als fertiges Ganzes, als nach der Entstehung seiner Theile begreifen lässt. Auffallend erscheint es, dass nicht etwa die ältere Bilderschrift von den späteren Lautzeichen gänzlich verdrängt wurde, sondern dass aus beiderlei Schrift ein zusammengesetztes System erwuchs, leicht zum Gebrauche, klar zum Verständniss. Der Organismus dieser Schrift steht aber wiederum in genauer Verbindung mit einem andern, nicht minder denkwürdigen Erzeugnisse des ägyptischen Volks: mit dessen Sprache. Nur indem sich beide Organismen durchdrangen und ergänzten, erreichten sie beide ihre Ausbildung.

Auch jenen tüchtigen Gelehrten, welche mit vereinten Forschungen aus den alten Schriftresten und Monumenten das Verständniss der ägyptischen Charaktere, die Jahrhunderte lang als unenträthselbar galten, wiederherstellten, gelang ihr Werk nur dadurch, dass sie, Sprache und Schrift gleichmässig erfassend, die eine aus der andern erklärten. Sei es daher gestattet, hier Weniges über die altägyptische Sprache vorauszusenden.

Die Sprache der Aegypter war eine ursprüngliche, einfache, so weit sich Dieses überhaupt von einer Sprache sagen lässt. Einzelne verwandte Sprachwurzeln derselben finden sich eben so in den semitischen Dialekten, als in den Sprachen der indo-germanischen Nationen. Man unterschied 3 Mundarten: 1) die thebaische oder sahidische — die älteste, festgehalten im Gebrauche besonders bei religiösen und wissenschaftlichen Gegenständen, — 2) die memphitische — in der spätern: der koptischen hervortretend, — 3) die baschmurische in dem Bezirke des Fajum. Unter den Perserkönigen änderte sich in den Sprachverhältnissen wenig. Denn jene Herrscher pflegten die innere Entwicklung ihrer verschiedenartigen Völker nicht zu hemmen oder zu benachtheiligen. Anders unter der Herrschaft der Griechen, welche ihre eigene Sprache bei der Administration des Landes gebrauchten. Doch wurden Verträge noch fortwährend zunächst in ägyptischer Sprache mit demotischer Schrift (siehe unten) abgefasst; davon aber eine zweite Ausfertigung in griechischer Sprache gemacht und diese eingetragen, was auf dem ägyptischen Documente griechisch bemerkt ward. Vor Gericht hatte nur die ägyptische Urkunde Gültigkeit. Auch unter den Römern blieb dieser Gebrauch. Dadurch wurde die Erlernung beider Sprachen nebeneinander gefördert.

Eine weit grössere Veränderung erzeugte die Einführung des Christenthums. Denn hier verbreiteten sich ganz neue Ideen, für welche es den Aegyptern selbst an Worten fehlte. Bei der Uebertragung der griechisch verfassten Religionsbücher blieb dem Uebersetzer oft nichts übrig, als das griechische Wort ägyptisch zu schreiben. Noch bis zu der Eroberung der Araber wurde die Litanei nebst andern Gebeten in griechischer und ägyptischer Sprache zugleich hergesagt und der Gebrauch der letztern dauerte in der ägyptischen Kirche noch Jahrhunderte lang fort.

In jenem Zeitraum nun, wo sich griechische Wurzelwörter immer zahlreicher in die ägyptische Sprache zu mischen begannen, muss, man im Unvermögen die fremden Laute mit einheimischen, phonetischen Zeichen zu geben, angefangen haben, die Landessprache mit griechischen Buchstaben zu schreiben. Da aber hier das gewöhnliche, griechische Alphabet von 24 Buchstaben nicht hinreichte, so entstand durch Zusätze das sogenannte koptische Alphabet von 30 Buchstaben (und einem Sylbenzeichen), besonders vermehrt durch

Zischlaute und Adspirationszeichen, wie es den Bedürfnissen der Mischsprache genügte. — Wann dieses koptische Alphabet entstanden sei, fragt man vergebens. Noch bestehen öffentliche Denkmäler, ungefähr 211 nach Christus, mit ägyptischer Schrift, welche die Namen Caracalla und Geta tragen; noch finden sich in Mumiensärgen aus der Römerzeit, ägyptisch geschriebene Gebete. Es bestanden demnach beide Schreibweisen langezeit neben einander. Uebrigens schliesst sich die koptische Schrift so genau an die alte Sprache an, dass hieroglyphische Zeichen für koptische Zeichen in die koptische Schrift übergetragen, sich noch vorfinden; also ohne Veränderung der Sprache.

Die Wurzelwörter dieser altägyptischen Sprache sind einsylbig; mehrsylbige Wörter demnach zusammengesetzt. Man bemerkt, besonders bei Thiernamen und tönenden Gegenständen, das Wurzelwörter nur Nachahmungen oder Gleichnisse des Lauts sind. Bis jetzt hat man etwa 500 alte Sprachwurzeln, 50 Formwörter ungerechnet, die sich wieder in der neuägyptischen Sprache (welche etwa 900 hat) nachweisen lassen. Es entstehen zwar abgeleitete Wörter nach festen Regeln, jedoch mit grosser Unbestimmtheit, besonders durch den Mangel an Suffixen, welche genau die grammatische Eigenschaft eines Worts zu bezeichnen bestimmt sind. So kann ein Zeitwort in anderer Beziehung auch Substantiv und Adjectiv werden. ohne eine Veränderung der Form zu erleiden, (z. B. anch oder anech heisst: leben, das Leben, der Lebende, lebendig.) Hier kann nur der Zusammenhang entscheiden. —

Nicht minder einfach ist die Wortbildung. Das Genus wird entweder gar nicht bezeichnet oder das weibliche nur durch Hinzufügung eines t (chere — Sohn, chere — t — Tochter, zuweilen überflüssig gesetzt, z. B. an mu d. i. Mutter, auch mu-t;) der Dualis durch die Sylbe ti, der Pluralis durch die Endung u. Adjectiva sind selten. Man bedient sich zu deren Bezeichnung der Wurzel des entsprechenden Zeitworts, oder bildet Zusammensetzungen wie: en-nub, Halsband des Goldes (d. h. Goldhalsband, oder althochdeutsch: hals golt) für goldenes Halsband. Die älteste Form des Superlativs scheint in einer zwei- oder dreifachen Stellung des Adjectivs bestanden zu haben. Jeder Laut konnte ein vollständiges Wort bilden, indem der einfache Vocal einen Hauch bei sich führte, der einfache Consonant aber einen kurzen Vocal beiklingen liess. (Anmerk. 12.)

Anmerk. 12. Es scheint, dass die Aegypter diese beiklingenden Vocale vor oder nach dem Consonanten sprechen konnten, also u ebenso = en, als ne, nach der koptischen Schreibart war der zweite Fall der gewöhnlichere. — Manche Wurzelwörter nach derselben altägyptischen Schreibart haben ganz verschiedene Bedeutungen. Berücksichtigt man aber die koptische Schreibart, so gewahrt man feine Nüancen, welche eine ursprüngliche Verschiedenheit der Aussprache vermuthen

Aus der bekannten Stelle des Clemens Alexandrinus (Stromata lib. V. p. 237) ersieht man, dass in dem alten Aegypten 3 verschiedene Schriftarten neben einander bestanden. So klar auch die Angaben des Kirchenvaters sind, so haben doch erst die neueren Untersuchungen das genauere Verständniss gegeben. Clemens unterscheidet zunächst die epistolarische, die hieratische und die hieroglyphische Schrift. Diese letztere, welche vollständige Bilder darstellt, ist offenbar die älteste und ursprüngliche. Aus der Schwierigkeit, diese Bilder rasch zu zeichnen, verfiel man auf Abkürzungen derselben, welche aber ganz das System und die Zahl der Hieroglyphen beibehalten; (z. B. für das Bild eines vollständigen Löwen setzte man den Umriss von dem Hintertheil desselben.) Dieser abgekürzten Schriftweise bedienten sich vorzugsweise die Priester in ihren religiösen und wissenschaftlichen Büchern, daher die Namen: hieratisch. Unabhängig von derselben, jedoch gleichfalls aus den hieroglyphischen, entstand die epistolographische oder demotische Schrift. In dieser sind die Abkürzungen meistens so einfach — oft nur wenige kurze Striche, deren Varietäten nur von der Willkür der Schreiber abzuhängen scheinen — dass sich deren Abstammung nur schwer erkennen lässt. Dieser Cursivschrift bediente

---

lassen; z. B. mn oder men bedeutet: 1) gründen, der Gründer, Gebäude, (kopt. men); 2) säugen (kopt. moni); 3) Schwalbe (kopt. beni).

man sich zu dem gewöhnlichen Verkehr, wie man denn in ihr auch die gemeine memphitische Landessprache schrieb, während die hieratische Schrift an und für sich den sahidischen Dialekt bezeichnet. Die Schriftreste, welche die erstere entfalten, gehen etwa bis in die Zeit der Psammetiche hinauf, und ihre Buchstaben sind später unter dem Einfluss des griechischen Alphabets vermehrt. Doch brachten noch fortwährend selbst Handwerker auf ihren Werkzeugen Hieroglyphen an, wie die Grabfunde noch nachweisen.

Noch jetzt sieht man in Aegypten eine ungeheuere Menge von rein bildlichen Darstellungen. Die Tempel und die Wände der Felsengräber sind mit ihnen bedeckt. Die Gemälde der Schlachten und Siege der alten Könige wechseln dort mit mythischen, religiösen Gegenständen. Abbildungen von allerlei Lebensbeschäftigungen, von Krieg, Jagd und Fischfang, von Land- und Gartenbau und Gewerben jeder Art bis zu den Künsten des Steinmetzers und des Harfenspielers treten uns in den Grabgrotten entgegen, erinnernd an die erbliche Thätigkeit der Geschlechter, welche hier eingesargt liegen. Selbst humoristische Bilder fehlen nicht, z. B. ein Castell von Mäusen angegriffen und von Katzen vertheidigt; der Mausekönig auf einem Streitwagen von Hunden gezogen. Jedoch sind diese Gemälde von den eigentlichen Hieroglyphen sehr verschieden.

Auch die ältesten Hieroglyphen waren nichts anderes, als wirkliche — kyriologische — Abbildungen natürlicher Gegenstände oder „Dingbilder." Man zeichnete den Stier, ka; die Kuh, ah; den Ziegenbock, ba; den Hund, uhr; den Löwen, maūi; den Frosch, heka; den Bogen, pet; das Ruder, heme so deutlich, dass man den Gegenstand meistens auf den ersten Blick erkennen konnte. Diese Darstellungen aber waren nicht willkürlich veränderbar, sondern wurden so festgehalten, dass sich noch in den einfachsten Umrissen — wozu das Schnellschreiben z. B. im Todtenbuch, führte — deren Bedeutung errathen lässt. Doch war auch hier nicht selten das Verständniss nur durch eine gewisse Uebereinkunft zu vermitteln, um manche Dinge, z. B. die Sonnenscheibe, ra, die Mondscheibe, aah; die Lippen, spetu; die Kornähre, su; den Backofen, krer u. s. w. sogleich ihrer Bedeutung nach zu erfassen. Begreiflich vermochte man durch solche eigentliche Abbildungen nur die einfachsten Dinge zu bezeichnen. An und für sich gab das Bild eines Mannes nur einen Mann und nichts Weiteres.

Es war daher schon ein grosser Fortschritt, als man blos durch eine **gewisse Stellung** des Mannes einen neuen Begriff andeutete, oder die in der Stellung bezeichnete Handlung abstrahirend, das entsprechende **Zeitwort** bildlich ausdrückte; (der Sprache gemäss, welche Substantiv, Zeitwort und Adjectiv häufig mit dem unveränderten Worte nennt.) So bedeutete das Bild eines Mannes, die Hände erhebend: aau preisen, dasselbe sich niederbeugend: kes, bitten, dasselbe auf dem Kopf stehend: schet, umdrehen; sich überschlagend: cheteb, tanzen etc. Oder man gab dem Bilde durch einen leicht erkennbaren Zusatz einen neuen Sinn, z. B. Mann mit Bogen: masch, Krieger, Geisel, haltend: chech, regieren, ordnen; Gaben darbringend: ta, opfern; auf dem Schemel kauernd, die Hände gefaltet: setem, Richter etc.

Dadurch war der natürliche Uebergang gewonnen, solche Dinge zu bezeichnen, welche sich **figürlich** gar nicht ausdrücken liessen. Man wendete nun die Trope in der vielfachsten Weise an, und da man überhaupt schon das Ganze durch den Theil auszudrücken pflegte, so bezeichnete man durch: einen Arm mit Lanze: ker, streiten; mit Geisel: chu, regieren; mit Scepter: cherp, führen; dann: durch einen Kornhalm: asch, mähen; durch eine Spindel: heta, spinnen. Eine geschickte Hinzufügung deutete das Verbum transitivum oder intransitivum an: Gefäss auf Beinen: in (koptisch en) führen, bringen; Schilfblatt auf Beinen aai oder ii, kommen; Beine rückwärts gehend: hem, herausgehen. Man setzte das Gefäss, welches gewöhnlich einen Gegenstand zu enthalten pflegte, für diesen selbst; z. B. ein Milchgefäss für Milch art; einen Weinkrug für Wein arp; einen Wasserbehälter für Wasser muau. Auf ähnliche Weise bezeichnete ein Gefäss aus dem eine Flamme schlägt: Feuer, chet; ein Gefäss über dem eine Biene schwebt: Honig. Oder man abstrahirte eine Eigenschaft von einem Gegenstande, der sie vorzugsweise besass. So ward techer, roth, durch einen gewissen feuerfarbigen Vogel mit langem Halse (Flamingo?) angedeutet, Reiterei durch einen aufspringenden Hengst, htar; sehen moa durch 2 Augapfel; Bosheit durch einen Pavian, kent; mena, saugen durch 2 Brüste. Durch Zusammensetzungen gewann man kühne Metaphern, Durst bezeichnete man durch die Hieroglyphe des Wassers und ein laufendes, abgewendetes Kalb, ab; das Jahr durch einen Palmenzweig, dessen Zacken die Theile des Jahres anzeichnen; Wahrheit, ma durch eine Feder; Wunde, Blut snef, durch eine samenausstreuende Blume. Unter andern theilt uns schon Plutarch, de Iside 32 mit: „In der Vorhalle des Tempels zu Sais waren ein Kind und ein Greis, dazu ein Habicht, ein Fisch, und hinter allen ein Flusspferd abgebildet. Dies sollte in symbolischer Weise andeuten: „o ihr, die ihr geboren werdet und sterbet, die Gottheit hasst die Unverschämtheit." Denn das Kind bezeichnet den der geboren wird, der Greis den, welcher dahin scheidet; unter dem Habicht verstehen sie die Gottheit, unter dem Fisch den Hass (des Meeres wegen, das sie hassten,) unter dem Flusspferd die Schamlosigkeit." Auch hier gab es Abkürzungen — sehr verschieden von denen der hieroglyphischen Schrift, — welche sich nur durch Uebereinkunft verstehen liessen. Ein Priester wird vollständig durch einen betenden Mann im priesterlichen Gewande, über den sich ein Spendekrug ergiesst, bezeichnet; abgekürzt: ein Spendekrug. Himmel, pe, vollständig durch ein Weib, dessen Kopf und Hände vorwärts herabgeneigt sind; abgekürzt durch eine wagerechte Linie, an der die beiden Enden gegen unten abfallen; Nacht durch die Hieroglyphe des Himmels mit einem Sterne, seb; die Welt, te durch ein geschlossenes Viereck, (das Haus, durch ein unten geöffnetes Viereck.)

Die Lotusblume entsprach in verschiedenen Verbindungen: Oberägypten, die Papyrusstaude: Unterägypten. — Solcher figürlichen Darstellungen — Dingebilder nennt sie Bunsen — kann man etwa 400 bis 500 erkennen.

Wie schon erwähnt, finden sich in den meisten Sprachen Wörter — zuweilen wurzelverschieden — welche im Bezug auf ihren Laut, in so fern man ihn durch Buchstaben bezeichnen kann, ganz gleich sind, in der Aussprache aber durch ungeschriebene Hauche oder Accente als verschiedenartig bestimmt werden. In der, meistens einsylbigen, Sprache der Aegypter gilt dieses besonders. Man sollte nun erwarten, dass die Aegypter, von jenem Gleichlaut ganz absehend, jene gleichlautenden aber der Bedeutung nach verschiedenen Wörter, ebenfalls durch verschiedene figürliche Bilder darzustellen suchten. Zu innig war aber die Sprache mit der Schrift verwebt, als dass ein solches Trennen zwischen Laut und Bedeutung leicht geschehen konnte. Dagegen wurde es Gebrauch, solche gleichlautende Wörter, ohne alle Rücksicht auf deren ursprüngliche Verschiedenheit, durch ein und dasselbe Zeichen, und zwar durch das Dingebild desjenigen Wortes zu geben, was sich am leichtesten darstellen lies.

Daraus erwuchs nun eine grosse Unsicherheit in der Interpretation eines Satzes, welcher aus mehreren einfachen Dingebildern geformt war. Man sah sich dadurch veranlasst, gewisse Bilder, und zwar durch Uebereinkunft, zur Ergänzung und näheren Bestimmung zu erwählen. Das sind nun die **Deutbilder**, wie sie **Bunsen** nennt, welcher etwa 150 zusammenstellt. Diese sind aber — mit wenigen Ausnahmen — nicht etwa neuerfundene Hieroglyphen, sondern ursprüngliche Dingbilder, mit einem sich erweiternden oder besonders sich fixirenden Begriffe. (Sie werden daher auch meistens nicht ausgesprochen, wie wir unsere Interpunktationszeichen nicht aussprechen.)

Als das Nothwendigste erschien es, über die Zeichen von Gattungsbegriffen sich zu verständigen, welche zu einem figürlichen Bilde gesetzt, dessen Missverständniss unmöglich machten. So bedeutet iri zugleich: Auge, Kind, thun; gleichmässig ausgedrückt durch das Bild des Auges. Soll aber bestimmt das Zeitwort **thun** dargestellt werden, so fügte man jenem Bilde 2 fortschreitende Beine hinzu.

Diese gaben dem iri die Bedeutung eines verbi transitivi, und zwar sinnreich genug. — Das Wort un bedeutet: strahlen und öffnen, zuweilen auch, anstatt unu s. v. a. Stunde. In letzterem Falle setzte man die Sonnenscheibe hinzu, als Andeutung dass von einem Zeitabschnitt die Rede sei. — Ein Ei, suh bezeichnete nicht nur den figürlichen Gegenstand, oder Stoff, Wesen, sondern hinter einen Namen gesetzt, deutete es darauf hin, dass dieser den Namen einer Frau oder Göttin sei; eben so wies ein niederkauerndes Weib auf den Namen einer geringen Frau, ein niederkauernder Mann auf den eines geringen Mannes hin.

Eben so war die Hieroglyphe für Feuer zugleich das Zeichen für dessen Wirkungen; die Sykomore bezeichnete einen Baum überhaupt, eben so fent, die Blindschleiche: das Gewürm; Eule, apt einen Vogel; das Hintertheil einer Rindshaut: ein vierfüssiges Thier; Zahn jeden zackigen Gegenstand etc. Man sieht, dass auch durch das Entstehen einer phonetischen Schrift die Deutbilder nicht unnöthig wurden, da die Gleichlautung fortdauerte, und z. B. ar: erheben und Gazelle; ah: Ochse und Feld; utu: abgehen, Brustbedeckung und Tisch etc. bedeutete.

Eine besondere Art von Deutbildern bezeichnete die grammatischen Formen. Eine Linie deutete an, dass das figürlich bezeichnete Wort als Substantiv zu fassen sei; ein Brodkuchen (ak?) ersetzt das t, den in der Sprache hinzugefügten Endlaut, welcher das Femininum andeutet; 2 oder 3 Linien bezeichnen den Dual oder Plural; das Bild des Sprechenden — Mann oder Frau — vertritt das Pronomen personale; das Bild eines Mannes oder einer Frau, die Hand erhebend, bezeichet den Optativ, das eines ausrufenden Mannes den Imperativ.

Auch für Präpositionen giebt es Deutbilder. Das Zeichen für Himmel pe, ist gleich: auf, super; der Fussschemel ner gleich: unten; hra (nach Champollion s. v. a. Gesicht,) gleich: auf; hra het, gleichsam facies cordis, oder in corde gleich: im Innern; hra ku, supracaput, gleich auf; sa, bildlich der Köcherdeckel, gleich: hinten, nach; he oder he-t, Vorderleib eines Löwen, gleich: coram. — Eine zusammengewickelte Papyrusstaude deutet den Schluss eines Satzes an. — Sehr häufig ist die Anwendung der Deutbilder unklar, ein andermal scheinen sie ganz überflüssig, nur aus altem Gebrauche beibehalten, wo sie durch die Lautschrift schon überflüssig geworden waren.

Es bezeichnete eine Art von Fortschritt, dass, wie schon erwähnt, man den Laut des Wortes von dessen Bilde gleichsam trennte und gleichlautende Wörter mit demjenigen Bilde bezeichnete, was figürlich am leichtesten zu bezeichnen war; (als wie man den deutschen Begriff Bund, foedus, durch das Bild von Bund, fascis; oder Hut, tutela durch Hut, pileus schreiben würde.) Nun wiederholen sich aber in den

Wörtern häufig gewisse verbundene Laute, (welche zuweilen auch einsylbige Wörter ausmachen.) Diese zusammengesetzten Laute behandelte man nun als ein selbstständiges Ganzes und bezeichnete sie durch das Bild des entsprechenden, einsylbigen Wortes. So gewann man eigentliche Lautbilder, von deren ursprünglichen, „figürlichen" Bedeutung nicht mehr die Rede war. Das ist nun die eigentliche Sylbenschrift, deren man sich in Zusammenstellung mit phonetischen Zeichen häufig bediente. (Man kann hier keinen Vergleich mit den griechischen Abbreviaturen, die immer noch, oft recht seltsam zusammengezogene Buchstaben sind, stellen, eben so wenig mit den Tironischen Noten.) Besonders bediente man sich der Sylbenschrift bei dem Schreiben von Eigennamen. Auch manche Partikel scheinen Sylbenzeichen gewesen zu sein, deren ursprüngliche Bedeutung verloren ging; dessgleichen grammatische Formenwörter, welche sich abschliffen, (z. B. t das Zeichen des Feminins statt ta.) (Anmerk. 13.)

Anmerk. 13. Auch im Deutschen sind gewisse Suffixa, deren wir uns zur Wortbildung bedienen ursprünglich selbstständige Wörter: lih (später lich) similis, verschieden von lih, später leich, ein Leichnam), heit, althochdeutsch persona, ordo; haft, alth. vinculum; heim alth. domus; scaft, alth., später Schaft, hastile. Schreiben wir nun nach ägyptischer Weise, so würden in den Wörtern: Gesellschaft, tölpelhaft, Kirchheim die Endsylben durch die entsprechenden Bilder darzustellen sein.

Wann die sinnreichste Erfindung, die der phonetischen Zeichen oder Buchstaben, gemacht wurde, lässt sich nicht genau bestimmen. Man zerlegte das Wort in seine **deutlich** erkennbaren Laute — ohne Rücksicht auf die beiklingenden Vocale — löste den Anfangslaut von den übrigen ab und bezeichnete ihn durch denjenigen Charakter, welcher bisher das ganze Wort dargestellt hatte. So war das rein phonetische Zeichen gewonnen. (Obgleich diese Lautzeichen nicht gänzlich ihre Eigenschaft als Dingbilder verloren; alsdann jedoch als Substantiva durch das genannte grammatische Zeichen erkennbar.)

Man darf aber nicht etwa meinen, es sei gestattet gewesen, für die Bezeichnung des Buchstabens A die Hieroglyphe eines jeden Worts zu setzen, welches sich etwa mit A anfängt. Sondern man scheint sich über eine Anzahl von einfachen, leicht schreibbaren Lautzeichen vereinigt zu haben. Dieses jedoch wiederum nicht so beschränkt wie bei unserem Alphabete, dass die Zahl der phonetischen Zeichen die der kennbar ausgeschiedenen Laute gleich gewesen wäre. Auch blieb sich die Zahl dieser Lautzeichen oder Buchstaben nicht gleich, sondern dieselbe war in älterer Zeit weit geringer und nahm später zu. Auch schwankte bei gewissen Hieroglyphen der Gebrauch zwischen Buchstaben und Sylbenzeichen. Sicher ist also, dass das System der Lautzeichen nicht von der Antorität eines Erfinders oder durch den Befehl eines

Oberhaupts seinen Anfang nahm, sondern allmählig erwuchs.

Daher wurde auch eine Unbestimmtheit in der Beurtheilung der Lautbilder möglich. Lepsius nimmt im alten Aegypten 34 Lautzeichen an. Von diesen aber scheidet Bunsen 7 aus, weil sie theils im alten Reiche, theils in der vorptolomäischen Zeit nur als Sylbenzeichen vorkommen, und noch 2 andere, weil sie damals noch gar keine Lautbedeutung hatten. Indem aber Bunsen sieben andere Zeichen hinzufügt, welche bei der Herstellung des neuen Reichs (18te Dynastie, nach Vertreibung des Hyksos) Geltung bekommen, so ergeben sich ihm 32 Zeichen für die 15 Buchstaben, aus welchen das Lautsystem der altägyptischen Sprache bestand. Von diesen haben fünf Buchstaben (gleich unserem b, f, p, ch und sch) nur je ein Zeichen;) fünf je 2 Zeichen) i, r, s, h, k;) vier (d. s. a, u, n, t) je 3 Zeichen, und m 4 Zeichen. (Die Laute r und l sind ungetrennt und haben dasselbe Zeichen.

Mit der 20sten Dynastie (Rhamsiniten) tritt eine neue Entwicklung im Buchstabensystem ein. Eine nicht geringe Zahl von Hieroglyphen bisher Dingebilder oder Sylbenzeichen, nehmen die Eigenschaft von Lautzeichen an. Diese neuen Lautbilder mehren sich noch weiter in der römischen Zeit. Man kann wahrnehmen, dass besonders in den Namen und Titeln der römischen Gebieter jetzt vorzugsweise solche

Bilder als Lautzeichen genommeu werden, die etwas Erhabenes und Glorreiches ausdrücken. Auch lässt sich ersehen — so viel man nach den mitgetheilten Darstellungen erkennen kann — dass jene ältesten, einfachen, so schreibbaren Zeichen häufig durch andere, weit künstlichere ersetzt wurden. Da nun — nach Bunsen — nicht weniger als 92 Zeichen für 13 Buchstaben (ch und sch) erhielten keine Vermehrung in den Gebrauch kamen (für ç allein: 16,) so trat eine Unsicherheit ein, welche die Interpretation erschwerte und deutlich auf den Verfall der Nationalität hinweist.

Man könnte voraussetzen, das schon in der ältesten Zeit desswegen für manchen Laut mehrere Zeichen gewählt wurden, um feinere Nüancirungen in dem ersteren auszudrücken. Diese Vermuthung bewährt sich aber nicht. Denn die Zeichen werden in denselben Wörtern abwechselnd gebraucht. Daher wirkte wohl schon hier die Rücksicht auf Schönschreibung, welche auch späterhin auf die Gestalt der Schriftzüge in West-Asien so vielen Einfluss äusserte.

Die Unsicherheit in der Erklärung des Dargestellten scheint ein neues Verfahren veranlasst zu haben; den Gebrauch der sogenannten Misch-Bilder: (Bunsen zählt 58,) Diese bestehen aus einer Zusammensetzung von Lautzeichen und eines Dingbilds, indem jene die richtige Aussprache des letztern, dieses die Bedeutung der erstern bezeichnet. Hier steht nun entweder das Dingbild voran — gleichsam als erster

Buchstabe das ganzen Worts, dessen übrigen phonetischen Zeichen bald vollständig bald unvollständig nachfolgen; oder das Bild befindet sich hinter den Lautzeichen, welche dessen Aussprache gleichsam einleitend andeuten, oder das Dingbild ist in der Mitte der Lautzeichen. Ein Beispiel mag dieses erläutern. Das Dingbild für: necht, stark, mächtig sein, siegen, ist der Holzknorren (zugleich das Deutbild für Holzarten ba oder cha.) Nun wird necht entweder blos durch das Dingbild angedeutet, oder mit seinem 3 Grundbuchstaben (den Lautbildern: Wellenlinie, num, Sieb und Zirkelschnitt) geschrieben, oder Dingbild des Holzknorren mit nachfolgenden ch und t, oder n, Dingbild, ch und t gesetzt.

Dass nun das Hieroglyphensystem bis in das zweite Jahrhundert nach Christus so verfiel, dass es zuletzt nur noch wie eine alterthümliche Sache — etwa wie unsere Mönchsschrift — nur noch bei einzelnen Inschriften gebraucht wurde, ist schon ererwähnt.

Indem wir hier, unserm Zwecke gemäss, eine Uebersicht der altägyptischen Schriftweise zu geben versuchten, darf die Bemerkung nicht unterlassen werden, dass selbst in dieser kurzen Skizze gar Manches noch unsicher ist, was erst durch weitere Entdeckung von Denkmälern und fortgesetzte Forschungen ergänzt und verbessert werden kann.

§. 6.
Die semitische Schrift und deren Abzweigungen.

Ehe wir nun zu weiteren Untersuchungen übergehen, ob vielleicht von den ägyptischen Lautzeichen unsere Alphabete herstammen, haben wir eine Reihe von andern Forschungen zu berühren.

Sehr frühzeitig findet sich ein Alphabet, stets kennbar sowohl an der Anordnung und Form der Buchstaben, als durch die Uebereinstimmung der Namen derselben, in den uralten Culturländern an den östlichen Küstenländern des Mittelmeeres. Dort wohnten die Syrer, die Phönicier, siedelten die Hebräer an; während deren Stammgenossen bis an den Tigris und über die arabische Halbinsel sich ausbreiteten und von da selbst über den arabischen Meerbusen überschifften, zusammen unter dem Namen der Semiten bekannt. Von diesen Völkerschaften schöpfte jenes Alphabet seinen Namen. Bald beschränkte es sich nicht mehr auf die Gränzen des semitischen Sprachgebiets, sondern unter dem Einflusse grosser historischer Ereignisse oder des gewöhnlichen Völkerverkehrs, überschritt es den persischen Meerbusen, sich neben der Keilschrift behauptend, verbreitete sich westwärts längst den Küsten des Mittelmeeres, nahm seinen Sitz auf den grossen Halbinseln desselben, drang durch Vermittlung der Griechen und Römer tief in die Binnenländer ein und, endlich von der heiligen Schrift und dem Koran weitergetragen, bürgerte es sich überall ein, wohin Christen und die Söhne des Islam ihre Colonien sendeten.

Zuerst wäre wohl zu fragen, von welchem Stamme der Semiten dieses Alphabet zunächst unmittelbar oder mittelbar, (durch Uebertragung von ägyptischen Hieroglyphen) erfunden worden sei? — Von den Phöniciern, ist die gewöhnliche Angabe. Auch der gelehrte Gesenius geht daher von der phönicischen Schrift aus (Scripturae linguaeque Phöniciae monumenta illustravit G. Gesenius, Lipsiae 1837) und versucht deren Abzweigungen durch eine Art von Stammtafel recht anschaulich zu machen. Hier treibt die phönicische Schrift sechs Hauptäste: 1) die **altgriechische**, mit deren Abzweigungen und Ausläufern: ertrurische, römische, umbrisch-oscische, samnitische, celtiberische Schrift; 2) die **altpersische**; 3) die **althebräische** mit der samaritanischen; 4) die **aramäische** (in Aegypten) mit ihren Abzweigungen die palmyrenische, die quadrata, die sabäische, Estrangelo (nestorianische), die kufische, das Peschito, das Niskhi, die uiguro-mongolische Schrift; 5) die **phönicisch-numidische**; 6) die **himjaritische** mit der äthiopischen Schrift.

Einige Notizen reichen hin, dieses zu erläutern, da wir von der griechischen Schrift etc. noch besonders sprechen. Es handelt sich zunächst davon, die **gewöhnlichen** Annahmen kurz darzulegen.

Unter der ältesten **persischen** Schrift sind solche Schriftzeichen entstanden, welche **neben** der monumentalen Keilschrift auf Denkmälern, Felsenwänden und gebrannten Steinen etc. sich finden. Besonders erscheint sie auch auf den Münzen der ältern persischen Könige, das alte Parsi schreibend — verschieden von dem feineren Hofdialekte, dem Deri. Die Schriftzüge auf diesen Münzen sind zum Theil älter, als die aramäisch-hebräischen Buchstaben, welche auf uns gekommen sind. Dagegen gehören die Schriftzüge aus dem Zeitalter der Sassaniden (um 220 n. Chr.), wie sie auf den Denkmälern von Naschki Rustam in Verbindung mit der Keilschrift vorkommen, dem palmyrenischen Alphabete an. (Vgl. C. Niebuhrs Reisebeschreibung nach Arabien etc. Kopenhagen, II. p. 142 etc.)

Dem hohen Alter der **hebräischen** Sprache nach und vermöge der bestimmten Kunde, dass sie sehr frühzeitig geschrieben wurde, sollte man hier auch

Kenntniss und Nachweis von den ältesten Schriftzügen erwarten. Das ist aber nicht der Fall. Der Mangel an Monumenten — von Handschriften gar nicht zu sprechen — lässt sehr Vieles ungewiss. Auch die gewöhnliche Meinung von dem Festhalten der Hebräer an dem Hergebrachten, täuscht hier. Denn wichtige Veränderungen in den Schriftzügen derselben sind augenscheinlich. — Die älteste hebräische Schrift findet sich auf den Münzen der Maccabäer. Die Reihe dieser Münzen beginnt mit dem Jahr 170 der Seleucidenrechnung oder mit 611 nach der Erbauung Roms, wo die Maccabäischen Fürsten die Erlaubniss des Münzschlagens von dem Seleuciden Demetrius II. erhielten. Die meisten Münzen sind von Simon. Die Aehnlichkeit dieser Schriftzüge, besonders der ältesten unter ihnen, mit den phönicischen ist auffallend. (Zu bemerken, dass in der maccab. Schrift: Sajin, Thet und Samech mangeln, während bei den Phöniciern Thet, Phe und Sin fehlen, Waw selten vorkömmt). Von den Samaritanern (s. unten) wurde diese maccabäische Schrift beibehalten. Die Buchstaben sind aber bei ihnen weniger einfach als dort und die fehlenden Buchstaben sind ergänzt. Diese samaritanische Schrift zeigt sich zwar noch in den Codicibus des Pentateuchs aus dem 13ten und 14ten Jahrhunderte, ist aber da in eine äusserst flüchtig behandelte Currentschrift übergegangen.

In Babylon sprach man eine feinere semitische

Mundart, welche man zum Unterschiede von dem platteren Syrischen die ostaramäische nennt, während diese die westaramäische heisst. Dass sich um 627 v. Chr. das Oberhaupt einer chaldäischen Horde Babylons bemächtigte, veränderte in diesem Culturstaate eben so wenig als die Herrschaft der Mandschu im Dshinesischen Wesen. Nur dass bei den Westländern fortan in babylonischen Beziehungen häufig die Namen: chaldäisch aufkamen, (zumal für die altbabylonische Priesterschaft). Schon zur Zeit des Reichs Juda war der Einfluss der westaramäischen Sprache auf das Hebräische etwas erkennbar. Um so leichter nehmen die Juden, als der beste Theil ihres Volks (588) nach Babylonien verpflanzt wurde, die ostaramäische Sprache an. Als nun die Juden in Colonien (unter Zerubabel J. 539, unter Esra J. 478, unter Nehemia J. 445) in das alte Land zurückkehrten und den Tempel Salomons wieder aufbauten, war ihre Landessprache ein Gemisch aus Ostaramäischen und Hebräischen. Dieser Dialekt — der chaldäische genannt — erscheint schon in einzelnen Versen und Abschnitten der heiligen Schrift, dann im Talmud etc. Die althebräische Sprache blieb aber nur das Eigenthum der Vornehmen und Gebildeteren, so dass schon unter den Seleuciden die Gesetzabschnitte (פרשיות 54, welche wieder in kleinere Abtheilungen zerfielen), die am Sabbat vorgelesen wurden, sprachlich erklärt werden mussten, woraus die Chaldäische Paraphrasen

— Targumim — hervorgingen. — Es ist hinzuzufügen, dass Ptolomaeus I. um d. J. 312 eine Colonie dieser chaldäisch redenden Juden nach Alexandria führte, von wo aus sie sich über Aegypten, Nubien und die Nordküste von Afrika etc. verbreiteten.

Die Samaritaner — Reste der Israeliten im alten Lande, gemischt mit (nach 722) dorthin verpflanzten Völkerschaften aus Kuth, Hammath etc. — suchten sich anfänglich mit den aus Babylonien zurückkehrenden Juden zu befreunden, und verlangten an dem Bau des neuen Tempels Antheil zu nehmen. Jedoch zurückgestossen, errichteten sie ein abgesondertes Heiligthum auf dem Berge Garizim und zwischen beiden Völkerschaften bestand fortan der bitterste Nationalhass. Wie die Samaritaner das Judenthum in den meisten Gebräuchen beobachteten, (s. Anmerk. 14) so bewahrten sie sich die wenig veränderte althebräische Schrift. Die Juden dagegen nahmen zum Gebrauch im gewöhnlichen Leben die babylonisch-aramäischen Schriftzüge an, (die althebräisch-maccab. nur auf Münzen etc.), wie sie sich auch auf jüdischen Monumenten etc. in Aegypten und andern Orten fanden; (z. B. der lapis Carpentoracensis, der papyrus Tauronensis etc.)

Anmerk. 14. Von den Büchern des alten Testaments erkannten die Samaritaner nur den Pentateuch an, und zwar in einem Text, welcher dem verwandt war, der den 70 Uebersetzern vorlag.

Ziemlich verwandte Schriftzüge finden sich noch auf den Trümmern von Tadmor — dem Karawanen-Emporium der Wüste, wo man gleichfalls eine ostaramäische Mundart sprach — aus dem 1sten bis 3ten Jahrhundert n. Chr. — Man nennt sie die palmyrenische Schrift, welche wieder in der genauesten Beziehung zu der jetzt gebräuchlichen, neu-hebräischen Schrift, der sogenannten Quadrata (s. unten) stand, welche im 3ten Jahrhundert n. Chr. entstand. Auch die bis in das 8. Jahrhundert gebräuchliche syrische Schrift — Estrangelo — hat gleichen Ursprung, und erst aus dieser ging Peschito, die spätere syrische Currentschrift hervor, welche die meisten Buchstaben durch unten angebrachte horizontale Querstriche verbindet.

Im arabischen Yemen war in alter Zeit die himjaritische Schrift gebräuchlich, auch Sind-Schrift geheissen, mit groben, starken, aufrecht stehenden Zügen, (daher auch el Mosnad, „die unterstützte" genannt). Kurz vor Muhamed bildete Morar el Anbari aus dem Estrangelo die hierensische Schrift, welche durch Ausbreitung des koreischitischen Dialekts in Arabien die allgemeine wurde — von Kufa, wo die besten Abschreiber, auch die kufische genannt. In ihr ist der Koran geschrieben und sie erhielt sich noch lange auf Münzen, bei Inschriften; noch jetzt gebräuchlich auf Büchertiteln. Die Züge, meistens aneinander hängend, sind grob und dick, denn sie werden mit ungespaltenem Rohre geschrieben. Ibn Mokla, st. 938, erfand die flüchtige, arabische Currentschrift — Niskhi — mit gespaltenem Rohre geschrieben. — Da die Anfänger des Islam den Gebrauch von eigentlichen Gemälden verwarfen, um dem Bilderdienst keine Nahrung zu geben, so pflegten sie die Wände ihrer Moscheen, Festsäle etc. mit erhabenen, in schöner Bildung gezeichneten, farbig verzierten Sprüchen des Koran zu schmücken. So wurde die Schreiberei bei ihnen eine eigentliche Kunst, und mancherlei kunstreiche Schreibweisen erhielten daher ihre Entstehung.

Durch den alten Verkehr Yemens mit den gegenüber liegenden Küsten Afrika's war die himjaritische Schrift frühzeitig nach den Landschaften der obern Nilarme übergetragen. Hier entstand die sogenannte äthiopische Schrift, wie sie sich auch auf den Trümmern von Axum vorfindet; (Salt's mamor Axumitanum aus der Zeit des Königs Aizanes). Diese Schrift ist, wie wir noch genauer sehen werden, einer besondern Beachtung werth. Denn nicht nur dass ihre Züge häufig auf die ältern semitischen Schriften hindeuten, sondern sie zeigen auch eine gewisse, einfache Festigkeit, als wenn sie, weniger verdorben durch Schreiberwerk, manche ursprüngliche Formen der Charaktere enthielten. Manche Umgestaltungen scheinen nur dadurch enstanden zu sein, dass diese Schrift später — wohl durch den Einfluss der Griechen, von der Linken zur Rechten geschrieben wurde. Wie denn auch in die Sprache, welche den Wurzellauten und der Wortbildung nach durchaus von dem Arabischen herstammt, griechische Worte aus der Bibelübersetzung eindrangen. So blieb sie noch im kirchlichen Gebrauche, als sie nach dem Sturze der Könige von Axum durch die amsarische Sprache verdrängt war. — Die Benennungen der äthiopischen Buchstaben deuten, selbst wo sie etwas corrumpirt sind, auf dem altsemitischen Ursprung. Diese jedoch haben sich nicht als todte, unverstandene Laute erhalten. Denn wo diese Benennungen, von den altsemitischen abweichen, bewahren sie dieselbe Bedeutung. Z. B. das äthiopische Jaman ist gleich dem hebräischen Jod, beides heisst aber: Hand; und eben so entspricht das äthiopische Haut genau dem hebräischen Chet, beides aber bedeutet: Verzäunung. Wir werden darauf zurückkommen.

Alle hier genannten Alphabete haben bei ihren Fortpflanzungen und Uebergängen sehr mannigfaltige Veränderungen erfahren. Buchstaben sind hinzugesetzt oder weggenommen worden, je nachdem es der National-Dialekt verlangte, und nur die Paläographie vermag die Verwandtschaft in den so häufig umgestalteten Zügen nachzuweisen.

§. 7.
Die Erfindung der semitischen Schrift.

Zieht man nun auch nur die kurze Uebersicht in einige Erwägung, welche wir soeben über die Abzweigungen der semitischen Schrift gaben, so kann man bedenklich werden, wodurch es erwiesen sei, dass gerade die phönicische Schrift für den Ursprung jener Alphabete gehalten werden müsse.

Eine gewöhnliche Ansicht ist es: die Phönicier als ein durch sinnreiche Gewerbserfindungen und weitläuftigem Handelsverkehr denkwürdiges Volk, dessen Seefahrten die Küsten des Mittelmeers berührten und welches durch Karawanen mit den grossen Emporien Binnen-Asiens zusammenhing, fühlten zuerst das Bedürfniss, bei ihren Handelsgeschäften sich Aufzeichnungen zu machen, wie sie denn aus gleichem Grunde die Rechnungskunst erfanden; (Strabo XVI, 2). Da sie nun durch ihren Verkehr mit Aegypten das Wesen und den Nutzen des Schreibens kennen gelernt hatten so unternahmen sie es, entweder in Nachahmung der demotischen oder der phonetischen Schrift der Aegypter, oder in eigner Erfindung, ein Alphabet der einfachsten Art zu ihrem Gebrauche sich zu machen, welches dann zu andern Nationen sich verbreitete.

Vielleicht ergiebt sich ein etwas näherer Aufschluss, wenn wir nach dem Alter der semitischen Schrift fragen. Die erste Kunde von einer Schrift, welche entweder die semitische oder eine nahe verwandte ist, bewahrt uns der Pentateuch. Wir können hier nicht auf die näheren Forschungen über das denkwürdigste der Bücher eingehen, welches schon so oft den Witz der Gelehrten ermüdete. Dass der Text des Pentateuchs, wie wir ihn jetzt besitzen nicht von Moses unmittelbar oder kurz nach dessen Tode verfasst sein kann, ergiebt sich wohl bei ruhiger, vorurtheilsfreier Ueberlegung. Fast zur Gewissheit ist es aber gebracht, dass die 4 ersten Bücher Moses (von dem Deuteronomion, einer spätern Sammlung nicht zu sprechen) von einem Verfasser mit sorgfältiger Benutzung schriftlicher Aufzeichnungen und verschiedenartiger im National-Heiligthum aufbewahrter Urkunden nach einem gewissen Systeme theokratischer Ansichten zusammengestellt und geordnet seien und dieses zwar schon in einer sehr frühen Zeit. Dadurch wird aber die Wichtigkeit der gebrauchten Urkunden durchaus nicht gekränkt. Wenn uns in denselben der Anwendung der Schreibkunst als einer historischen Thatsache gedacht wird, (die zugleich auf die Existenz der ursprünglichen Aufzeichnungen hinweist), so ist an derselben nicht zu zweifeln. Man vergleiche unter vielen Beispielen: II. Mos. 17, 14. „Schreibe dieses zum Gedächtniss in ein Buch;" — IV. Mos. 33, 2: „Und Moses beschrieb ihren Auszug, wie sie zogen nach dem Befehl des Herrn." — Hier ist nun von einem eigentlichen Buche die Rede (daher auch סֵפֶר הַבְּרִית, Buch des Bundes, II. Mos. 27, 2—3. vergl. II. Kön. 23, 2. 21 etc.), während an andern Stellen das Eingraben der Schrift in Stein erwähnt wird (II. Mos. 24, 12; 32, 15—16; 23, 24). Dieses noch deutlicher Hiob 19, 23. 24. „Ach, dass meine Reden geschrieben würden! ach dass sie in ein Buch gestellt würden! Mit einem eisernen Griffel auf Blei und zum ewigen Gedächtniss in einen Fels gehauen würden!" etc. —

Nun ist genugsam bekannt, in welch' hohe Zeit hinauf die heiligen Bücher der Aegypter zu setzen sind. Die Stelle des sogenannten Todtenbuchs (ein Turiner Papyrus in Hieroglyphenschrift, entsprechend einem weniger umfangreichen in hieratischer Schrift, der in einem Königsgrab gefunden,) wird von Lepsius in das 15te oder 13te Jahrhundert vor Chr. gesetzt Noch mehr aber: Lepsius fand das Bild einer Schriftrolle in Denkmälern der 12ten Dynastie, und das eines Dintenfasses (Röhre mit Schreibschwärze?) und Griffels bereits in Monumenten der 4ten Dynastie,

d. h. im 5ten Jahrhundert nach Menes. Dieser aber berechnet sich (Bunsen, B. III. p. 123) auf 3643 vor Chr. — Da nun der Auszug der Israeliten aus Aegypten nach Clemens Alexandrinus im J. 1667 v. Chr., (nach Julius Africus im J. 1020 vor der ersten Olympiade) sich begab, so ist es leicht erklärlich, dass Moses — am Hofe eines Pharao erzogen — in der Schreibkunst erfahren war. Ist es aber deshalb wahrscheinlich, dass er sich zu seinen Aufzeichnungen einer der ägyptischen Schriftarten bediente, welche erst späterhin von Andern in das phönicisch-semitische Alphabet übertragen wurde? — Dieses gewiss nicht. Die demotische Schrift war zu Mosis Zeiten noch nicht im Gebrauche; die ägyptische Lautschrift reichte niemals allein hin, um historische oder gesetzgebende Aufzeichnungen deutlich darzustellen. Sich aber einer Mischschrift zu bedienen, welche überall an die ägyptische Idolatrie erinnert, konnte der tiefe Hass der Israeliten gegen ihre Unterdrücker nicht gestatten. Moses hätte die Lautschrift zu einer ganz neuen Schöpfung umwandeln müssen, um mit ihr das so abweichende hebräische Idiom auszudrücken. Er schrieb aber für die Seinigen zum Verständniss, und das musste in einer bereits bekannten Schriftweise geschehen. Dass dieses aber wirklich geschah, und dass es noch andere Schriftkundige zu seiner Zeit gab, welche Volkszählungen, die so wichtigen Stammtafeln und Anderes aufzeichneten und die niedergeschriebenen Gesetze dem Volke vorlasen, ergiebt sich aus bestimmten Nachrichten. Vgl. Anmerk. 15. (Die Zweifel mancher Exegeten an dem hohen Alter der Schriftkunde verdienen nach den genaueren, ägyptischen Forschungen keiner Berücksichtigung mehr.) — Da verfasste nun vielleicht Moses seine Aufzeichnungen in semitischen Schriftzügen, welche von Phöniciern erfunden, seinem Volke übertragen waren, wohl zu der Zeit, wo Abraham den Jordan überschritten hatte? —

Wir müssen uns hier nach den Zeugnissen der Alten über die Phönicier und deren Cultur etwas näher erkundigen. — Die Phönicier wohnten anfäng-

---

Anmerk. 15. IV. Mos. 11, 16 werden die Schoterim — שֹׁטְרִים — erwähnt, welche die Septuaginta hier und in ähnlichen Stellen mit γραμματεῖς — nach der Ableitung von ܒܬܟ scribere — übersetzt. Dass diese sonst auch als: Amtleute, Vorsteher etc. erscheinen ist durchaus kein Widerspruch. Denn zu jeder Zeit, wo die Schreibkunst von nur sehr Wenigen geübt wird, ist die Bezeichnung als „Schriftkundiger" eine hoch ehrende. Diese Schoterim sind aber wohl dasselbe, was die Tempelschreiber, ἱερογραμματεῖς der Aegypter waren, deren oberste Classe — die sogenannten πτεροφόροι, bezeichnet durch einen rothen Faden um den Kopf und eine Habichtsfeder — als eigentliche Schriftgelehrte verschiedene Wissenszweige betrieben, die untere aber: die Grundbücher führten, Stammtafeln besorgten und vielerlei Anderes, so auch die Abgaben und Leistungen aufzeichneten; vgl. II. Mos 5, 10. vgl. Bensen's Abhandlung über das ägyptische Priesterthum. Athenäum. November- und Decemberheft. 1839. —

lich am Erythräischen Meere, und zwar an der arabischen Küste des Persischen Meerbusens (Plin. VI. 24,) wie Herodot (VII, 89) nachweist: „οὗτοι δὲ οἱ Φοίνικες τὸ παλαιὸν οἴκεον, ὡς αὐτοὶ λέγουσι, ἐπὶ τῇ Ἐρυθρῇ θαλάσσῃ· ἐντεῦθεν δὲ ὑπερβάντες, τῆς Συρίας οἰκέουσι τὰ παρὰ θάλασσαν." Von da aus wanderten sie in die — späterhin trockengelegten — Sumpfgegenden am untern Euphrat. Justinus XVIII, 3: „Phoenices terrae motu vexati, relicto patriae solo, Assyrium stagnum primo; mox mari proximum litus incoluerunt, condita ibi urbe, quam a piscium urbertate Sidon adpellaverunt, nam pisces Phoenices Sidon vocant." — Sidon wird zuerst erwähnt Genes. 49, 13; in der Weissagung Jacobs, einer etwas unsichern Stelle; ferner Josua 19. 28, „gross Zidon" und V. 29: „bis zu der ersten Stadt Zor" (צוֹר, d. i. Tyrus, wahrscheinlich nach der aramäischen Aussprache: טֻר ; — Sidon, den Erstgebornen Kanaans, Genes. 10, 15 etc.) Obgleich die Uebersicht der Landeseintheilung in der genannten Stelle Josua's sich gewiss auf sehr alte Urkunden stützt, so ist sie doch fühlbar durch spätere Zusätze ergänzt und vermehrt, und in Beziehung auf einzelne Notizen nicht ganz zuverlässig. Homer kennt schon die feinen Gewebe der Sidonier, Il. VI, 288, und deren kunstreiche Arbeiten in Gold und Silber, Il. XXIII, 740; Od. XV, 425 und 460; jedoch der Stadt Tyrus thut er keine Erwähnung, wie schon Strabon bemerkt. Ueberhaupt weiss man, dass Tyrus, der Hauptsitz phönicischer Cultur, später gebaut wurde, als Sidon — nach Josephus, antiq. Jud. VIII, 3. 250 Jahre vor Salomo's Tempelbau, nach Justinus, XIII, 3. ein Jahr vor Troja's Zerstörung. — Wenn nun diesem ganz widersprechend, Herodot berichtet, (II, 44,) dass ihm auf seine Fragen an die Priester des tyrischen Herakles: wann dieser Tempel gebaut worden sei, geantwortet wurde, dass derselbe zugleich mit der Stadt entstanden und dass seitdem 2300 Jahre verflossen, so muss diese Nachricht mit Behutsamkeit erfasst werden. Sie deutet wohl darauf hin, dass dort eine der uralten Priestercolonien, der Träger der Cultur von Osten nach Westen (s. §. 10) bestand, mit einer beschränkten Niederlassung um den Tempel des Baal oder Sonnengottes, aus welcher durch neue Ansiedler Gross-Tyrus erwuchs. Auf diese Priestercolonie kann sich beziehen, was von der alten Schriftkenntniss der Phönicier, eben so was von deren astronomischen Wissenschaft berichtet wird; dagegen deren weite Seefahrten und Gewerbserfindungen (Glas zunächst zu Schmuksachen verwendet) kaum über das 12te Jahrhundert hinaufreichen. (Tyrus hatte seine Blüthe zu Salomo's Zeit erreicht: die Betheiligung an dessen Tempelbau, die Fahrten nach Ophir — Süd-Yemen? — denen Ansiedlungen an den Küsten Spaniens und Nordafrikas folgten.)

Was aber nun gerade die Schriftkunde der Phönicier betrifft, zumal ihre Erfindung der Buchstaben, so sind die Berichte der alten Historiker ziemlich unbestimmt. — Nach Herodot, V. 58 brachten die Phönicier, welche mit Kadmos kamen, den Hellenen unter andern Kenntnissen auch die Buchstaben — γράμματα — und zwar diejenigen, deren sich die Phönicier bedienen, bis sich im Verlaufe der Zeit zugleich mit der Sprache auch die Gestalt der Buchstaben veränderte (vgl. über das Nähere §. 11.) Diodor V. 74. ist zu der Ansicht geneigt, dass die Phönicier keineswegs ursprünglich erfanden, sondern blos die Formen derselben umgestalteten — „ἀλλὰ τοὺς τύπους τῶν γραμμάτων μεταθεῖναι μόνον" — und dieselben so den Hellenen mittheilten. — Clemens Alexandr. Strom. lib. I. pag. 252 (Lugd. Bat.) Εὐπόλεμος (um das Jahr 160 v. Chr. zu Alexandria?) δὲ ἐν τῷ περὶ τῶν ἐν τῇ Ἰουδαίᾳ βασιλέων, τὸν Μωϋσῆ πρῶτον σοφὸν γενέσθαι. καὶ γραμματικὴν πρῶτον τοῖς Ἰουδαίοις παραδοῦναι· καὶ παρὰ Ἰουδαίων Φοίνικας παραλαβεῖν. — Plinius hist. nat. VII, 56: „litteras semper arbitror Assyrias fuisse, sed alii apud Aegyptios a Mercurio, ut Gellius, alii apud Syros repertas volunt."

Erwägen wir nun diese Beweisstellen, welche sich durch mancherlei Citate vervielfältigen liessen, so sehen wir uns bei der Beantwortung der aufgestellten Frage von der Geschichte ziemlich verlassen. Die Cultur der Phönicier ist später als der Gebrauch der semitischen Schrift. Es ist möglich, dass die Priester des tyrischen Herakles mit derselben bekannt waren;

es wird jedoch kaum wahrscheinlich, dass sie von denselben erfunden sei. Daher wollen wir wenigstens einen Versuch machen, ob sich nicht vielleicht in der Schrift selbst einige Merkmale ihres Ursprungs auffinden lassen.

§. 8.
Buchstaben und Hieroglyphen.

In unsern westeuropäischen Alphabeten pflegen wir die Vocale mit einem Laut zu nennen, der keine andere Bedeutung hat, als dass er eben diesen Laut bezeichnet; die Consonanten auf ähnliche Weise mit Hülfe eines kurzen, beiklingenden Vocals — meistens vorgesetzt bei den Liquidis, nachgesetzt bei den Mutis. Nur das asch des Franzosen, das acca und zet des Italieners etc. machen etwa eine Ausnahme.

In dem Griechischen sehen wir es anders. Hier sind nur wenige Buchstaben auf ähnliche Weise wie die unsrigen bezeichnet, während die Mehrzahl, ohngeachtet ihrer Abkürzungen und Corruptionen noch auf den semitischen Ursprung hinzeigt, wovon im lateinischen Alphabete kaum die Spuren mehr erkennbar sind. Auch im arabischen Niskhi sind nur wenige Buchstabenbenennungen beibehalten. — Elif, Schin, Ain, Fe — die andern bis zur Unkenntlichkeit verkürzt, oder willkürlich nach der Lautung bezeichnet.

In den ältern semitischen Schriftarten dagegen wird ein jeder Buchstabe mit einem Worte benannt, dessen erster Laut — ähnlich wie bei den phonetischen Charakteren der Aegypter — zugleich die Lautung und Bedeutung des Buchstabens ausdrückt. Um dieses darzuthun gehen wir von den Benennungen der Quadrata aus. Denn während die Formen der Buchstaben zu den spätern gehören, so lassen doch deren Namen das Ursprüngliche wohl am deutlichsten wahrnehmen. — Um aber nicht Wiederholungen anbringen zu müssen, so berühren wir zugleich eine zweite Frage: sind die ersten Benennungen der semitischen Buchstaben willkürlich gewählt, oder sind diese vielmehr selbst Hieroglyphen? d. h. sind es nach der Analogie der hieratischen Charaktere verkürzt angedeutete Abbildungen der natürlichen Gegenstände, welche ihr Namen bezeichnet? Um aber dieses zu beantworten, müssen wir — scheinbar willkürlich — aus dem ganzen Bereiche der verwandten Schriftarten diejenigen Buchstabenformen heranziehen, welche einem hieratischen Zeichen vorzugsweise deutlich entsprechen, wobei wir selbst die Vergleichung mit ägyptischen Lautzeichen nicht zurückweisen. Der Gewinn aus dieser Untersuchung wird sich später ergeben. — Die Züge der Quadrata stehen voran, wie schon gesagt. Der Buchstaben-Name, wie ihn jede hebräische Grammatik giebt, ist aber nicht immer die würkliche hebräische Form, sondern zuweilen einem andern Dialekt entnommen, bedarf sie noch einer besondern Erklärung. S. Anmerk. 16.

Anmerk. 16. Zu näherem Verständniss müssen wir einige Bemerkungen über den Einfluss der Schreiberei auf die Gestaltung der Buchstaben einschalten. — Schon das Material, welches bei dem Schreiben verwendet wird, hat hier grossen Einfluss. Buchstaben in hartes Felsgestein eingegraben oder in Holzformen eingeschnitten (Babylon,) werden an und für sich härtere Züge darbieten, als auf dem Papyrus oder dem glatten Pergamente. Es wird nicht einerlei sein, ob man in Erz gräbt oder in die weiche Wachstafel einzeichnet. Man weiss, dass es zu dem Unterschied der Cufischen Schrift von dem Niskhi viel beitrug, dass jene mit ungespaltenem Rohre, dieses mit gespaltenem geschrieben wurde. Mit einem Wort: es ist an und für sich ein Unterschied zwischen der monumentalen Schrift und der Bücherschrift. — Es fragt sich zuweilen, ob sich aus einfacheren Buchstabenformen die gekünstelteren entwickelten, oder jene aus diesen sich verkürzten. Im ersteren Fall wirkt die Schönschreiberei ein. Man will bemerken, dass in Babylon die Keilschrift künstlicher wurde, als in Assyrien. Wie in der arabischen Schrift durch den Einfluss der Arabeskenmalerei die Schriftzüge immer zierlicher verschlungen wurden, was dann auf Staatsurkunden, Münzen, Siegel etc. überging, so dass die Schrift den Eindruck eines geheimnissvollen Gemäldes macht, ist schon erwähnt. — Wenn eine Schrift in der Hand einer Priesterschaft liegt, so ruht sie auf der Stabilität von jener, und ist deshalb sehr langsamen Veränderungen ausgesetzt. Dagegen kürzt die Schnellschreiberei nach Belieben und nach dem Bedürfniss bei weltlichen Geschäften ab, fast bis zur Unkenntlichkeit, fügt aber auch willkürlich neue Striche den Buchstaben bei, um Zweideutigkeiten zu vermeiden. — Bei der Aufsuchung der Grundzüge einer Schrift muss man daher sehr behutsam verfahren. So besitzen wir von den Abzweigungen der semitischen Schrift —

א, אֶלֶף, Aleph, das Rind, hebr. אֶלֶף: mille; familia; im pl. boves, Ps. VIII, 8; chald. אַלְפָּא; vgl. Plu-

sowohl von den ältern auf Denkmälern, die sich in verschiedenen Gegenden fanden, als von den jüngern in Manuscripten — eine ziemliche Anzahl von Buchstabenzügen. (Vgl. Scripturae linguaeque Phöniciae Monumenta illustravit G. Gesenius). Es giebt nun gewisse Merkmale, nach denen man gewisse Schriftzüge einer Abzweigung zurechnet, obgleich innerhalb derselben eine Mannigfaltigkeit der Züge und deren Uebergänge in andere, zunächst verwandte Schriftarten erscheint. Die Quadrata z. B. zeigt eine grosse Neigung zur zierlichen Abrundung der Buchstaben. Daher Ausgleichung der Einschnitte und Abstossen der sogenannten Zähne, wie sie besonders in der samaritanischen Schrift vorkommen. Die ostaramäische und mit ihr die palmyrenische Schrift aber öffnet die Capita — Köpfe — der Buchstaben, was die Quadrata blos bei dem Ajin beibehält, obgleich sie von jener herstammen soll. In der Quadrata — wie auch einigemal in der Palmyrene und Samaritana — finden sich an dem untern Ende gewisser Buchstaben (Beta, Mem, Nun, Phe, Tsade) horizontale Verbindungsstriche, welche jenen ein fremdartiges Aussehen geben, (also Beta ursprünglich wahrscheinlich: ∩, dann ר oder ⊿, ⊋ dann ב oder ⊿. Dieses kam jedoch erst in der syrischen Currentschrift zur Entwicklung. — Da die Schreiber es für gut fanden, eine Zeile nicht anders als mit einem Worte zu schliessen, so wurden die dehnbaren Buchstaben.

Aehnliches liess sich an den Schreibwesen der Lateinschrift das ganze Mittelalter hindurch wahrnehmen. Hier erfand nun die Schönschreiberei die wunderlichsten Verzierungen besonders an den Chrismen. Die Buchstaben wurden bald ungemein langgezogen, bald wieder zusammengedrückt oder anders verschlungen. So willkürlich aber dieses auch aussieht, so blieb eine gewisse Buchstabenform doch für eine längere oder kürzere Periode im Gebrauche, so dass jene für ein Erkennungszeichen über die Aechtheit einer Original-Urkunde gelten kann, (Die Schreiberei bringt dabei zuweilen tarchs Bemerkung: quäst. symp. I. §. 2, dass die Phönicier das Rind: Aleph nennen. Grundform: die phönicische: ⩏ oder ⩎ d. h. ein Kopf mit zwei Hörnern; altsamaritanisch ᛉ; ostaramäisch, mit der Oeffnung des Capitals: ᛉ.

ב, hebr. בֵּית, Beth, das Haus. Grundform: die äthiopische: ⋂, d. h. eine Nomadenhütte, aus welcher die andern Formen durch Abkürzung entstanden (in der Quadrata durch den Grundstrich verstärkt).

ג, גִמֶל, Gimel; hebr. גָמָל, das Kameel. Grundform: äthiopisch: フ oder phönicisch: ⌐ d. h. der Höcker des Kameels. Im maccabäisch-hebräischen ⌐; dieses der Uebergang zu dem Griechischen Gamma (Λ, Γ). Auch in der Quadrata könnte die Grundform liegen.

Buchstabenformen zum Vorschein, welche an die ältesten Lautzeichen erinnern; z. B. ᏜᎲ d. i. M = dem äthiopischen ᏜᎲ. Damals aber wurden die Urkunden meistens von Priestern verfasst. Mit dem Anfange des 14ten Jahrhunderts finden sich in den deutschen Reichsstädten die weltlichen Stadtschreiber ein. Damit beginnt aber die Schrift ihre Stabilität zu verlieren. Man trifft auf ganz besondere Liebhabereien im Buchstaben-Machen. Die Urkunden werden immer schwerer zu lesen, denn der Schreiber bildet zumal seine Abkürzungen nach eigenem Belieben, welche man sorgfältig zu studiren hat. Bis endlich in unserer Zeit jeder sich seine Schrift-Hand und seine Lautzeichen macht, wie es ihm gefällt, wenn es nur verständlich ist. — In den amtlichen Unterschriften allein findet sich noch eine Hinneigung zu alten Hieroglyphen.

ד, דֶּלֶד, Daleth, hebr. דֶּלֶת, die Thür, valva januae. Grundform: phönicisch und althebräisch: ⊲⊲, d. h. eine offne Zeltthüre mit zurückgeschlagenem Eingangsteppich?

ה, הֵא, (ecce, He!) — Gesenius sagt, dass er die eigentliche Bedeutung des Wortes nicht kenne. Nach Ewalds Ableitung aus dem Arabischen würde es bedeuten: locus depressus, hiatus, rima. Die Grundform ist schwer zu errathen. Eine althebräische Form ist: ⊒. Dieser entspricht die phönicische: ⊒ oder (inversa) ⋲; eine andere phönicische Form ist =) oder ⋋. Ist dieses vielleicht der ägyptische, phonetische Charakter für h, d. h. ein Mann mit Palmenzweigen in den Händen? (Vgl. Bunsen I. p. 685, von ihm erklärt als haa'n renpa, denn ha, ägyptisch s. v. a. Mann.)

ו, וָו (hebr.) Waw, Nagel, Haken, Pflock. Grundform leicht verständlich. Palmyren.: ⋌, ⋌.

ז, זַיִן (hebr.) Sajin, telum; Form: der gekrümmte Dolch.

ח, חֵית, Chet, die Verzäunung; von dem arabischen حاط circumdedit. Grundform: phönicisch: ⊟ oder ⊟, althebr. ⊞ oder ⊟ ebenso altgriechisch oder ⋲. (Das ägyptische Lautbild: ⊖, cha Sieb, liegt zu fern.)

ט, טֵית, Tet. Nicht vom hebr. טוט, lutum, sondern vom arabischen: طيط, Schlange. Grundform.

palmyren.: 𐡂, samaritanisch: 𐡂, phönicisch: ⌒ d. h. eine gekrümmte Schlange. Das ägyptische Lautzeichen tet zeigt eine mehr gedehnte Schlange: 𓊝

י, יוֹד Jod; heb. יָד, chald. יַד, Hand, Grundform: phönic. ⋂ d. s. drei ausgestreckte Finger mit dem Daumen; althebr. ⋀; ostaramäisch (verkürzt) ५.

כ, כַּף, Kaph, vom hebr. כָּפַף, krümmen, die gekrümmte oder hohle Hand, (Levitic. XIV, 15: „er goss Oel in die Hand (Kaph) des Priesters." Grundform: phön. ⊃ (?) Eine Vergleichung mit dem ägyptischen Lautbild ⊃, chol, Tasse mit Henkel, giebt geringen Aufschluss.

ל, לָמֵד, Lamed, vom hebr. לָמַד, castigavit, s. v. a. מַלְמָד, stimulus. Grundform: phön. ᛚ oder L, palmyren. J, die biegsame Ochsengeisel.

מ, מים Mem, hebr. מַיִם, Wasser. Grundform: phön. ൜ oder ൜, althebr. ൜ d. i. Wellenlinie, (äth. ⌀).

נ, נוּן, Nun (nicht von נון sprossen, ניב soboles); nach Gesenius mit Berücksichtigung der andern semitischen Dialekte s. v. a. piscis. Der Grundzug scheint das phön. ५ oder ५, oder palmyren. ʃ. Hier ist eine Ungewissheit, welche sich nicht recht auflösen lässt. Das ältere ägyptische Lautbild für n ist: eine Wellenlinie: ⌇⌇⌇, num d. i.

Wasser; unter den spätern ägyptischen Lautbildern für n findet sich auch ein **Fisch**: 🐟; dagegen ein **Wasserbehälter** ▬, meri oder mi, für m. Vielleicht ist die Interpretation von Nun als Fisch überhaupt unrichtig. — Die Deutung der Form ist ebenso unbestimmt. Die Aegypter gebrauchten als Lautbild für n verschiedene Henkelgefässe. Es könnte die phönicische Form eine Verkürzung sein. Vgl. auch den palmyrenischen Schriftzug mit dem ägyptisch-demotischen für n: ⊃, ڊ (mit Abwerfung der Zähne im ڊ), Niskhi: ن, mit dem diakritischen Punkt zum Unterschied von ب.

ס, סָמֶךְ, Samech, von Hebr. סָמַךְ, stützen, aufstützen, daher Samech, die Stütze, fulcrum. Grundzug die gezähnte Form; phön. ൜ palmyr. ڊ altgriechisch ⟋ daher (inversa) Σ; später in der Quadrata abgerundet; wahrscheinlich zunächst: die **Zeltstütze**, (das altägyptische Lautbild ⌐ bedeutet: die Rücklehne eines Stuhls.)

ע, עַיִן, Ajin, Auge. Grundform: phön. O, ◯, ⊃, altgriech. ⊙. ostaramäisch mit offnen Capital: У. Das ägyptische Lautbild 👁, iri Auge s. v. a. י.

פ, פֶּה, Phe, Mund, Rand, Mündung (fehlt im Phönicischen). Grundform: althebr. ר.

צ, צָדִי, Zade. Wahrscheinlich vom Hebr. צוּד, jagen; (auch Netze stellen, speciell vom Fischfang gebraucht; daher auch Fischerhaken). Die äthiopische Grundform U zeigt ein Netz. Daher Stange mit Haken zum Aufstellen der Jagdnetze; (zum Fang der Zugvögel?) vermöge der Grundform: phön. ⌐ oder ⌐, ף ostaram. פ.

ק, קוֹף, Koph. Sicherlich nicht von קוֹף, simia. Nach Ewald s. v. a. Umkreis des Ohrs, nach Gesenius: Oehr in einer Streitaxt, (Odyss. XXI, 421) Grundform: phön. ዋ, ዋ, althebr. ק, P ostaram. ዋ

ר, רֵישׁ, Resch, nach dem arabischen ﺭﺃﺱ s. v. a. Haupt. Grundform: phön. ۹, ۹ in spätern phön. Inschriften mit der linea diacritica Я um Verwechslungen vorzubeugen.

שׁ, שִׁין, Schin, vom Hebr. שֵׁן, Zahn. Grundform: У oder У (d. s. die 3. Wurzeln des Zahns,) ostaram. ↲, palmyren. desgleichen und ய.

ת, תו, Tau, vom Hebr. תָו, signum, im Arabischen ﺗﻮ ﺏ, d. i. ein kreuzförmiges Zeichen, wie es die Nomaden den Pferden und Kameelen an Hals oder Hüfte brennen. Grundform althebr. und äthiopisch ┳, phön. ᛔ.

Wollen wir nun versuchen aus dem so eben Vorgetragenen die einfachen Folgerungen zu ziehen. — Die Namen der semitischen Buchstaben bezeichnen, wie aus der Beziehung der verschiedenen Dialekte ersichtlich, natürliche Gegenstände. Die Buchstaben selbst sind ursprünglich Lautbilder, verkürzt nach der

Weise der hieratischen Charaktere der Aegypter. —
Doch lassen sich die semitischen Schriftzüge keineswegs **unmittelbar** von diesen hieratischen Zeichen
ableiten. — Bei den Aegyptern entwickelte sich das
System der Lautzeichen allmälig, und zwar ohne dass
ein Alphabet in unserem Sinne entstand. Denn gleich
anfänglich bestanden mehrere Zeichen für **einen**
Laut und der spätere Gebrauch der Mischlaute erklärt, dass man dort gar nicht geneigt war, die Hieroglyphik bei heiligen Gegenständen ganz aufzugeben. —
Der Erfinder der semitischen Schrift kannte sicherlich
jenes ägyptische System der Lautbilder; er benutzte
diese Erwerbung des menschlichen Nachdenkens
für seine eigene Schöpfung; jedoch wohlüberlegt
und selbstständig; (vgl. oben besonders Tet, Mem,
Ajin). — Um aber in diesen semitischen Buchstaben
abgekürzte Hieroglyphen zu erkennen, konnten wir
uns an kein einzelnes der bekannten Alphabete halten,
sondern mussten in den verschiedenen Abzweigungen
nach einer Grundform herumsuchen. Dieses ist aber
eine missliche Sache, da bei der Beurtheilung hier
viel von der persönlichen Anschauung, also von der
Vermuthung abhängt. — Daher würde auch der Versuch einer solchen Forschung sehr bedenklich sein,
wenn man nicht annehmen dürfte, dass sich bei den
Abzweigungen der semitischen Schrift **Erinnerungen**
an ein zwar nicht mehr gebräuchliches, allein aus der
Hieroglyphe hervorgegangenes Alphabet erhalten haben.

(Ein ähnliches, gleichsam traditionelles Wiedererscheinen älterer Formen lässt sich bei der Lateinschrift des Mittelalters zeigen). — Ist aber die Vermuthung eines ursprünglichen Alphabets (nicht Ur-Alphabets im mystischen Sinne) nicht ungereimt, so hat man zu fragen, bei welchem Volke es entstanden sei, und wo sich auch nur der geringste Nachweis finden lasse.

Bei der Wahl der Gegenstände, deren Hieroglyphen die Aegypter als Lautzeichen brauchten, kann man keine besondere — etwa mystische — Tendenz erkennen. In ihrem alten Alphabete kommen vor: Adler, Eule, der Vogel un, der Löwe, die Schlange und die gehörnte Schlange hfi; später mehren sich die von Thieren hergenommenen Charaktere: Schakal, Ziegenbock, Schaf, Pavian, Sperber, Krokodil, Heupferd etc. Von Pflanzen finden sich unter den Lautzeichen: Rohr, Schilfblatt, Zwiebel, Blumen verschiedener Art; von Waffen: Köcher, Pfeil; von Dingen aus dem häuslichen Leben: Knäuel, Sichel, Schreibrohr, Riegel, Strick, Tasse, Gefäss, Sieb, Pflug, Bohrer, Schleife, Schemel, u. s. w. — Fasst man nun dieses Mancherlei zusammen, so fühlt man sich unwillkürlich von einer Anschauung des ägyptischen Landes und Lebens berührt.

Ein ganz anderes Bild bietet das Alphabet der scandinavischen Runen. — Wir können hier nicht auf die Abweichungen derselben in Form und Namen eingehen, nicht auf die Frage, ob der erste Erfinder der Runen vielleicht die Keilschrift kannte, ob manche Buchstaben erst dem gothischen Alphabet entnommen seien u. dergl. Die ältern, einfachen 16 Runen sind **eigentliche** Buchstaben, bestehen grossentheils aus geraden Strichen und ihre Bedeutung wird durch den Anfangslaut ihres Namens bezeichnet, wie bei den Semiten. Man beachte diese Benennungen ⊭, Freier (der Kriegsgott); ∩, Ur, Sturm; ▷, Thor (Donar); ⊨ oder ⨲ Odin, (Wuodan); ⍧, Reid, der Wanderer (s. Anmerk. 17); ⋎, Kaun, Wunde; ✳, Hagel, Hagel; + oder ✕, Naud, Fessel; | oder ∔, Is, Eis; ⅃ oder ⵋ, Ar, das Jahr; ᒍ, Sun, Sonne; ↑ oder ⌐, Tyr; ℬ, Bjark, Birke; ⋀, Laugur, See; ⋎, Madur, Mann; ⋏, Aur, Silber (in der Bedeutung des R).

Besitzen wir nicht in diesen Runennamen einen vollständigen Kreis hochnordischer Lebensanschauungen? — Würde aber nicht eben so ein ostaramäischer Erfinder der semitischen Schrift einige Buchstabenbenennungen von den kostbaren Pflanzen der Niederungen Babyloniens hergenommen haben, oder ein meerfahrender Phönicier von dem Schiffe, welches der Seemann über Alles liebt? —

Was für Lautbilder finden wir aber in der semitischen Schrift? — Von den Elementen: Wasser; von

---

Anmerk. 17. Vielleicht am besten erklärt vom nordischen rydia, althoct. riutjan, evertere; d. h. riuti, novale, das Reut, Gereut, auch Gehöft; mittelhocht. Hof-Reit.

den Theilen des Leibes: Hand, Auge, Zahn Mund; von der Wohnung: Hütte, Zeltthüre, Nagel oder Haken, Zeltstütze, Verzäunung; von Beschäftigungen: Ochsenstachel oder Peitsche, Netzstange, eingebranntes Zeichen; von Waffen: der gekrümmte Dolch, die Streitaxt; von Thieren: Rind, Kameel, Schlange.

Erwägt man nun diesen engen Kreis von Benennungen, so bietet sich die Folgerung von selbst dar: das sogenannte semitische Alphabet ist bei einem Volke der Wüste, ist unter Nomaden entstanden. So urtheilt schon F. S. G. Wahl (schrieb um 1784) in der Allgem. Geschichte der morgenländischen Sprachen und Literatur. (Die sehr zweifelhafte Bedeutung des Nun und Zade entscheidet nichts dagegen).

---

§. 9.
Kuschiten und Babylonier.

Obgleich mit einiger Bestimmtheit dargethan werden könnte, von welchem Volke das semitische Alphabet wohl nicht ausgegangen sei, so bleibt dagegen jede positive Behauptung ausgeschlossen, von welchem diese Erfindung herrühren möchte. Doch sei ein Versuch gestattet, eine Art von Wahrscheinlichkeit zu gewinnen; um so mehr da eine solche Forschung auch beitragen muss, die schon berührten Völkerverhältnisse jener alten Zeit zu erläutern.

Die Genesis Cap. X. giebt die älteste Stammtafel über die Abkunft und Verwandtschaft der Völker. In derselben ist gar Manches undeutlich, wie es der älteste morgenländische — man könnte sagen: hieroglyphische — Styl mit sich bringt.

Unter den Eigennamen sind bald Andeutungen über die Abzweigungen der Völkergeschlechter, bald einzelne Personen, bald Länder zu verstehen. Dennoch ist dieses Bruchstück ungemein denkwürdig, da es — in Verbindung mit der Geschlechtstafel Abrahams, Cap. XI — nicht etwa einen willkürlichen, späterersonnenen Entwurf eines Verfassers, sondern eine Urkunde von traditionell bewahrten, geschichtlichen Erinnerungen darstellt, nach der Art der Orientalen, welche auf ihre Stammregister noch immer den grössten Werth legen.

Diese Urkunde sagt nun wörtlich Vers 6 bis Vers 12:

V. 6. Die Söhne von Cham sind diese: Kusch, Mizraim, Phut, Kanaan.

V. 7. Aber die Söhne von Kusch sind diese: Seba, Chavila, Sabtha, Rahma und Sabthka. Aber die Söhne von Rahma sind diese: Scheba und Dedan.

V. 8. Kusch aber zeugte Nimrod, der fing an ein mächtiger Held zu sein auf Erden.

V. 9. Und war bei Gott stark in der Jagd. Daher spricht man: das ist bei Gott ein gewaltiger Jäger wie Nimrod.

V. 10. Und der Anfang seines Reichs war Babel, Erech (Edessa?), Achad und Kalneh im Lande Schinhar.

V. 11. Und von diesem Lande ging er nach Assur und bauete Niniveh und Rehoboth die Stadt und Chalach.

V. 12. Dazu Resen zwischen Niniveh und Rehoboth. Dieses ist eine grosse Stadt. (S. Anmerk 18).

Zuerst nun muss man hier wissen, dass nach den ältesten, einheimischen Aufzeichnungen der Araber einst zwei verschiedene Volksstämme die grosse Halbinsel zwischen dem persischen und arabischen Meerbusen bewohnten. Der eine: die Joktaniden, genannt nach Joktan (יָקְטָן) — oder Kachtaniden — nach dem arabischen Namen Kahtan قَحْطَان, für jenen Sohn Ebers (vgl. Genes. 10, 25) — war rein semitischen Stammes; die andere: die Kuschiten aber, chamitischer Abkunft. Durch Auswanderungen der letztern scheint es geschehen zu sein, dass die ersteren die Ueberhand bekamen, jetzt unter dem Namen: Hamjariten (Homeritae) oder Hhamjaren, genannt von Hhamjar oder Homair, (vgl. Monumenta antiq. historiae Arabum, ed. J. G. Eichhorn, tab. X), dem Enkel Jaarabs, des Sohnes Kachtans oder Joktans. Endlich sind noch zu unterscheiden die hebräischen Araber oder Ismaeliten, (vgl Genes. 25, 13), unter diesen die Nabathaeer, genannt vom Nebajoth, Ismaels Sohn.

Unter Chamiten pflegt man gewöhnlich die Ab-

Anmerk. 18. In dem V. 9. ist der Ausdruck der gewöhnlichen Uebersetzung: „vor dem Herrn" d. h. לִפְנֵי יְהוָֹה, „bei Gott" nichts Anderes als eine Verstärkung. — V. 11 ist die Uebersetzung, nach Ilgen, genauer als die gewöhnliche: „Von dem Lande ist darnach kommen der Assur," welche schon durch den Widerspruch mit V. 12. als unrichtig erhellt.

zweigungen eines dunkelfarbigen Menschengeschlechts zu verstehen; nur darf man dabei nicht an Neger denken. Auch die Kuschiten mögen dunkler gefärbt gewesen sein, als die benachbarten Semiten, jedoch wohl kaum sehr verschieden von den ihnen verwandten Aegyptern (Mizraim) oder Mauritaniern (Phut, s. Josephus antiq. I, 7). Doch gerade die Farbe der Aegypter, kennen wir aus den Wandgemälden, die sich in den alten Gräbern erhalten haben, etwas genauer. Die sonnenverbrannten Männer sind hier dunkelroth gehalten, die jungen Frauen dagegen, selbst die bei der Feldarbeit beschäftigten, weit heller. Die dunklere Farbe der Kuschiten ist bei Jeremias, 13, 23 bezeichnet, wo die Septuaginta כושי mit Αἰθίοψ übersetzt; (Anmerk. 19.)

Die Kuschiten (s. oben Genes. X, 7.) bewohnten ursprünglich das südwestliche Arabien: Yemen und Hadramaut (Chatramotitae, Plinius: Atramites). Dort

---

Anmerk. 19. Es ist bekannt, wie die Alten fremde Völkernamen sich zu erklären suchten, indem sie dieselben mit einheimischen Sprachwurzeln in Verbindung brachten. Wir erinnern nur an die Spielerei mit dem Namen: „Germanen", (d. i. Sper-Mannen, von Gêr, wie die ältern Gaisaten: Schwert-Mannen, von Gaisa) und der wunderlichen Ableitung von: Germani, d. h. „Brüder." — Ebenso dachten die Griechen bei Αἰθίοψ wohl an αἴθω, brennen, αἴθων brannthroth (αἴθων ἀλώπηξ, Pind. Ol. XI, 20), αἴθοψ, dunkel, funkelnd — Beiwort des Weins wie des Eisens. Doch ist es nur eine Verderbung des einheimischen Namens „Itjopjawan," welchen sich die Abyssinier noch immer beilegen.

lag im Süden ihre grosse Hauptstadt Saba oder Scheba
(סְבָא oder שְׁבָא — die LXX stets $\Sigma\alpha\beta\alpha'$), welche
Strabo XVI. Mariaba nennt ($\dot{\eta}$ $\pi\acute{o}\lambda\iota\varsigma$ $\Sigma\alpha\beta\alpha\iota\omega\nu$ $\dot{\eta}$
$M\alpha\varrho\iota\acute{\alpha}\beta\alpha$), was aber ein Missverstand ist, da dieser
Name: Hauptstadt an und für sich bedeutet, (vgl.
Plin. VI, 28; Diod. S. III. Cap 47, Plin. XII, 14:
„Saba appellatur, quod significare Graeci mysterium
dicunt." Um das Jahr 850, nach Andern zu Alexander
des Grossen Zeit, wurde sie durch die Ueberschwemmung
— Seit al Arim genannt — zum Theil
zerstört, und Sana zur Hauptstadt. Doch existirt
noch Mareb. — Sabatha ($\Sigma\acute{\alpha}\beta\beta\alpha\vartheta\alpha$, nach Ptolemaeus:
$\Sigma\alpha\acute{v}\beta\alpha\vartheta\alpha$, wird als Hauptstadt von Hadramaut erwähnt;
(vgl. Plin. 17, 28: pars eorum Atramitae, quorum caput
Sabota, LX templa muris includens). Rhama, nach der
Septuaginta: $P\varepsilon\gamma\mu\acute{\alpha}$, wird unter diesem Namen von
Stephanus de urbb. als eine Stadt am persischen Meerbusen
genannt; Dedan דְּדָן, die LXX: $\varDelta\alpha\delta\acute{\alpha}\nu$ (soll nach
Assemani Saggio eine Insel im persischen Meerbusen
sein), verschieden von der ähnlich lautenden Landschaft
(Septuaginta: $\varDelta\varepsilon\delta\acute{\alpha}\nu$) in Idumäa, auf welche sich die Stellen
im Ezechiel, 25, 13; 27, 15 etc. beziehen; vgl. Genes.
25, 3. Sabthka (LXX: $\Sigma\alpha\beta\alpha\vartheta\alpha\varkappa\acute{\alpha}$) und Chavila lassen
sich nicht gut deuten. S. Anmerk. 20.

Anmerk. 20. Wahrscheinlich führten mehrere Städte
Süd-Arabiens den Namen Saba, daher Verwechslungen. Vgl.
Assemani Saggio sull' origine culto letteratura e costumi
degli Arabi. Padova. 1787. p. V. u. VI. Niebuhr nennt ein Schibam
in Hadramaut und ein anderes in Yemen; vgl. auch Psalm 72, 10.

Nach arabischen Sagen begann die Herrschaft der Hamjariten in jenen südwestlichen Landschaften um d. J. 2020 oder gar um J. 3000 vor Moses. Ist es richtig, dass diese Uebermacht der Semiten mit der Auswandrung der Kuschiten im Zusammenhange stand, so werden wir etwas genauere Zahlen finden. Saba wurde jetzt Hauptstadt der Hamjaritischen Könige, welche in späteren Zeiten auch auf beiden Seiten des arabischen Meerbusens herrschten. Von Saba aus kam jene Königin, welche die Araber: Balkis, die Aethiopen: Makeda nennen, zu Salomo, (1. Kön. 10.) Ueber die Hamjariten vgl. Beck, Welt- und Völkergeschichte, I. p. 204 — 208.

Lange Zeit vor Moses ging eine grosse Colonie Kuschiten über die Meerenge nach den Gebirgen von Habesch und in das obere Nil-Land. Vgl. Herodot VII, 69). Noch jetzt bewahrt der Namen der ältesten Hauptstadt Geez, d. h. Pflanz-Reich, die Herkunft jener Völker, welche die Benennung Habesch verschmähend, sich lieber Ajazjan heissen. („Ἀβασήνιοι ἔθνος Ἀραβίας" sagt Stephanus de urbibus). Doch noch lange erhielt sich, wie eine alte Erinnerung auch der Name der Kuschiten (s. Anmerk. 21). — Ein

---

Anmerk. 21. Joseph. Archäol. I, 6. "Χοῦσον μὲν οὐδὲν ἔβλαψεν ὁ χρόνος. Αἰθίοπες γὰρ, ὧν ἦρξεν, ἔτι καὶ νῦν ὑπὸ ἑαυτῶν τε καὶ τῶν ἐν τῇ Ἀσίᾳ πάντων χουσαῖοι καλοῦνται.„ — Vgl. Jes. 18, 1 und Zephan. 3, 10. — Man könnte auch die ägypt. Stadtnamen: Kos-Berber, Klein-Apollinopolis,

besonderes Denkmal der Kuschiten bietet deren Sprache, naheverwandt den semitischen Dialekten. Denn noch immer ist die Sprache der Aethiopen, von jener abstammend, obgleich mit griechischen und afrikanischen Wörter bereichert, für die Interpretation des Hebräischen von grossem Werthe. Häufig nämlich lassen sich substantivische Formen in der letztern nur aus äthiopischen Sprachwurzeln herleiten und erklären.

Unter allen Wahrnehmungen der ältesten Geschichte ist eine der interessantesten die Verbreitung der Cultur durch Priesteransiedlungen, welche langsam von Osten oder Nord-Osten aus sich nach entfernte Länder erstreckten, mit einem Wissen ausgerüstet, welches zum Theil aus einer unbekannten Zeit herstammt. Mit sich führen sie Getreide-Arten und andere nutzbringende Gewächse, und lehren die Eingebornen den Ackerbau zuerst oder verbessern ihn wenigstens. Sie begründen Gewerbe und bringen sie durch ihre Künste — man sehe nur das alte Aegypten — zu einer fast unerreichten Blüthe. Sie verstehen es eben so gut, die ungeheuersten Bauwerke zu errichten, als das Hausleben zu ordnen und die Krieger sammt deren Fürsten sich unterwürfig zu erhalten. Auch

---

Kos — Kam, Gross-Apollinop. und Kôs—Koo, d. j. Cusae, welches dem ägyptischen Namen: Kous entspricht, hierherziehen. Vgl. L'Egypte sous les Pharaons, par M. Champollion le jeune. I. p. 284.

zahlreiche Völkerschaften beherrschten diese Priester durch die Macht eines äusserlichen Gottesdienstes, dessen geheimere Beziehungen nur sie kannten, der aber die Menge durch die unwiderstehliche Gewalt des Aberglaubens fesselte. — Doch, so würdig auch dieser Gegenstand genauerer Forschungen ist, hier müssen wir uns mit diesen Andeutungen begnügen. Anmerk. 22.

Entweder auf der endlosen Insel Aloa zwischen dem Bahr Abiad und Bahr Azrek, oder weiter nörd-

---

Anmerk. 22. Das Beispiel eines Priesterstaates nach alter Art bietet sich noch in Schendy, einem ehemaligen Aethiopenlande, dar. Dort ist der Handelsplatz Damer, den Burckhardt im J. 1814 auffand. Die Einwohner sind eine arabische Colonie, welche von Landbau und Handel lebt. Ein grosser Theil derselben aber besteht aus Fokara oder Fakys, unter einem hohen Priester, El Faky el Kibir. Dieser lebt gewöhnlich als Einsiedler in einem kleinen Steingebäude des Marktplatzes und gilt für allwissend. In Damer befinden sich arabische Schulen, welche von jungen Muhamedanern aus den weitumher liegenden Ländern besucht werden, um lesen und schreiben zu lernen und einige Kenntniss des Korans sich zu erwerben. Die verschmitzten Fakys stehen im Rufe grosser Heiligkeit, so dass wenige unbewaffnete Männer aus ihrer Zahl hinreichen, um eine Karawane gegen Räuber zu beschützen. Denn ihnen gehorchen, nach dem Glauben jener Völker, die Wolken, gehorcht der Regen, den sie spenden oder versagen. Ihre Weisheit entdeckt jeden Diebstahl. Dabei schreiben sie Amulete, gegen Dämonen, Krankheiten etc., und verfertigen zauberkräftige Formeln jeder Art. Dabei wird aber auch nach ihrer Anweisung der Landbau zu Damer sehr sorgfältig betrieben und die künstliche Bewässerung geschieht durch Wasserräder; so dass man jährlich zwei Ernten gewinnt.

lich, zwischen Nil und Astaboras — auf der „schildförmigen" Insel des Strabo — lag der uralte Priesterstaat Meroe. Den Griechen, welchen die Obern-Aethiopen weniger bekannt waren, (jener Stephanus de urbb. schrieb erst um 500 n. Chr.), galt Meroe als die Hauptstadt aller Aethiopen (Herod. II, 29). Wenn man dem Josephus glauben darf, so hiess auch Meroe vor Kambyses: Saba (Antiq. II. 5: „συνελασθέντες εἰς Σάβα πόλιν, βασίλειον οὖσαν τῆς Αἰθιοπίας ἣν ὕστερον Καμβύσης Μερόην ὠνόμασεν, ἀδελφῆς ἰδίας τοῦτο καλουμένης"; Strabo XVII. p. 543 erwähnt nur die letztere Notiz, ohne des Namens Saba zu erwähnen). — Viel berichten die Alten von der Macht dieses Staats. Plin. VI. 29 nennt 250000; Diodor. Sic. III, 3: 400000 Gewerbsmänner (τεχνῖται). Ob die daselbst bestehende Priesterkaste selbst von dem Stamme der Kuschiten war, oder die Einwanderer blos zu beherrschen wusste, könnte zweifelhaft bleiben. Doch wird die Stellung dieser Priester zu den Königen aus dem Kriegerstamme dadurch genügsam angezeigt, dass, wenn sie diesen den Willen der Götter ankündigten, sterben zu müssen — „τοὺς γὰρ θεοὺς αὐτοῖς ταῦτα κεχρηματικέναι" Diodor. III, 6. — dieser Befehl stets unweigerlich befolgt ward. Das sind die Aethiopen, deren besondere Befreundung mit den Göttern die Kunde selbst bis nach dem ägäischen Meere trug: Ilias I, 423.

*Ζεὺς γὰρ ἐς Ὠκεανὸν μετ' ἀμύμονας Αἰθιοπῆας
Χθιζὸς ἔβη κατὰ δαῖτα θεοὶ, δ' ἅμα πάντες ἕποντο·*
Die Priester zu Meroe pflegten Aegypten: nur eine spätere Anschwemmung des Nils, die Priesterkaste daselbst ihre Abkömmlinge zu nennen. (Diod. III. 4.) Diese Behauptung begründet allerdings noch nicht eine historische Thatsache, und ein rechtes Verständniss derselben kann sich erst dann ergeben, wenn die Ruinen von Meroe nach ihrer Lage mit Sicherheit bestimmt und nach ihrem ganzen Wesen und besonders nach ihren Inschriften genau durchforscht worden sind. Doch ist gewiss, dass die Priester zu Meroe nach ihrem Wissen und nach ihrer Einrichtung Vieles mit den ägyptischen gemein hatten. — Für uns ist es besonders wichtig, dass jene auch die Kenntniss der Hieroglyphenschrift besassen, und zwar mit dem Unterschiede, dass zu Meroe Alle die hieratische Schrift verstanden, welche bei den Aegyptern nur die Priester kannten: "*τὰ δ' ἱερὰ καλούμενα παρὰ μὲν τοῖς Αἰγυπτίοις μόνους γιγνώσκειν τοὺς ἱερεῖς, παρὰ τῶν πατέρων ἐν ἀποῤῥήτοις μανθάνοντας, παρὰ τοῖς Αἰθίοψιν ἅπαντας τούτοις χρῆσθαι τοῖς τύποις*" Diod. III, 3.

Vielleicht gewinnen wir eine etwas genauere Einsicht über die Verbindung der kuschitischen Völkerschaften, wenn wir auf deren religiöse Verhältnisse einen Blick werfen. — Die Sabäer beteten die Sonne, den Mond und die übrigen Gestirne an, sagt man.

Herodot berichtet in dieser Hinsicht: lib. III, 8. „Διόνυσον δὲ θεὸν μοῦνον καὶ τὴν Οὐρανίην (Ἀράβιοι) ἡγεῦνται εἶναι — ὀνομάζουσι δὲ τὸν μὲν Διόνυσον, Ὀροτάλ· τὴν δὲ Οὐρανίην, Ἀλιλάτ." Dagegen lib. I, 131: „Καλέουσι δὲ Ἀσσύριοι τὴν Ἀφροδίτην, Μύλιττα· Ἀράβιοι δὲ, Ἀλίττα — Fragt man aber nach der eigentlichen Bedeutung dieser fremdklingenden Namen, so klärt sich dieses nach und nach auf.

Die Benennung für Gott ist „arabisch" bekanntlich: الله, Allah, dem entsprechend für „Göttin" اللة, Allat; hier der Ursprung von Alitta. Orotal (nach andern Lesarten: Οὐροτάλτ) erklärt sich aus: أرة الله, Erat-Allah — entsprechend dem hebräischen אוּראל, Ur-El oder אוּרוֹת-אל, Urot-El, d. h. Feuer Gott, Gott des Lichts. Die Herbeiziehung des Dionysos beruht wahrscheinlich auf einem wunderlichen Missverständniss, worüberein auch andere Nachrichten stimmen, dass Bakchos zu Saba geboren sei und von da seinen Zug durch den Erdkreis begonnen habe. — Nun berichtet Plin. XII, 14 von Sabota in Arabien (s. oben Sabtha), das daselbst ein Gott Sabis verehrt worden sei: „ibi decimas deo, quem vocant Sabin" etc. Dieses war wahrscheinlich ein Heros, wie denn auch bei den Aethiopen Könige als Heroen verehrt wurden; (Strabo XVII, 2). Dieses konnte der Beinamen irgend eines Eroberers sein (von سبا, saba, d. h. diripuit, captivos fecit), vielleicht des fabelhaften Königs Haret Arajes, der einen Raubzug bis an den Jndus unternommen haben soll. Da gewännen wir denn die doppelte Verwechslung mit Saba, den obengenannten Sohn des Kusch, d. h. Bar-Kusch — בר־כוּשׁ (nach Bochart) — mit Bakchos, wie auch die Aphrodite Urania, wegen gewisser Aehnlichkeiten der Festfeier mit der Monds-Göttin verglichen wurde.

Vgl. Assemani Saggio p. XIX etc. (siehe Anmerk. 23).

Es scheint nun, dass dem Sabäismus in der ältesten Zeit ein weit tieferer Sinn zu Grunde lag, als man gewöhnlich annimmt. Strabo XVII, 2 berichtet, dass die Aethiopen oberhalb Meroe's an einen unsterblichen Gott glauben, welcher der Urheber des All's sei, zugleich aber auch an einen sterblichen, namenlosen, undeutlichen: „Θεὸν δὲ νομίζουσι, τὸν μὲν ἀθάνατον, τοῦτον δ' εἶναι τὸν αἴτιον τῶν πάντων· τὸν δὲ θνητὸν, ἀνώνυμόν τινα καὶ οὐ σαφῆ."

Anmerk. 23. Bei der bekannten Ableitung des Dionysos als Δίς von Νύσα konnte man um so leichter auf jenen schliessen, da sich auch bei den Aethiopen, den Grenznachbarn (πρόσουροι) von Aegypten ein Nysa fand. Herod, III. 97: „οἱ (Αἰθίοπες) περὶ Νύσην τὴν ἱρὴν κατοίκηνται, καὶ τῷ Διονύσῳ ἀνάγουσι τὰς ἑορτάς." — Den überall gesuchten Sabazios wollen wir nicht herbeiziehen. Obgleich eine Ableitung als Δίς (δ im Uebergang zu ζ, arab. Form Σδες) von Saba nicht fern liegt. — Man erinnere sich auch, dass סבא nur anders punktirt, als סָבָא hebr.: „Wein" bedeutet. — Ueber Dy-sares vgl. Assemani S. p. XIX.

(S. Anmerk. 24) besonders verehrten sie ausserdem nach Heroen — „τοὺς εὐεργέτας καὶ βασιλικοὺς θεούς." — Eine Aufklärnng erhalten wir vielleicht durch eine Vergleichung mit dem Baal-Dienst.

Nach den Forschungen Selden's (De Diis Syris p. 194) ist das chaldäische Wort Bel oder das westaramäische Baal, in seiner Grundbedeutung: „Herr" die eigentliche Hauptbezeichnung für den einzigen Gott. Es war ein Fortschritt zur Idolatrie, dass man den Baal unter dem Bilde der Sonne anbetete, als den einzigen Herrn des Himmels — μόνον Οὐρανοῦ θεόν, (nach Philo von Byblus). — Dann kam man erst dahin den Mond, die Planeten und andere Gestirne der Sonne bei- und unterzuordnen, bis man endlich von den Naturkörpern selbst abstrahirend, die Genien der Gestirne unter Bildern, kennbar durch symbolische Beigaben, darstellte und anbetete.

Anmerk. 24. Ist dieser θεὸς οὐ σαφῆς der wunderliche Schaitan, arab. شَيْطَان, (der שָׂטָן des Hiobs), der unter den „Söhnen Gottes" vor den Herrn tritt? — Der Dichter dieses Epos ist begeistert für den reinen Jehovah-Dienst, (Hiob verwahrt sich, XXXI, 26—28, ausdrücklich dagegen, dass er je den Sonnen- und Mond-Dienst gefeiert, als eine Verläugnung des Herrn), weiss aber Nichts von Moses Vorschriften und Opfercermonien. Der spätere Satan, der zuerst wieder I. Chron. 21, 1 vorkömmt (in derselben Erzählung II. Sam. 24, 1 ist Satan nicht genannt), scheint schon von anderer Natur zu sein.

Diese stufenweise Entwicklung des Sterndienstes und Natur-Cultus überhaupt, findet sich nicht blos bei den chamitischen Völkern. Dass diesem der Osiris- und Isisdienst der Aegypter zu Grunde lag, ergiebt sich aus den Zeugnissen der Alten; (vgl. die Beweisstellen bei Jablonsky, Pantheon Aegyptiacum p. 122 etc., Prolegomena eben daselbst, p. 50). Die ägyptischen Priester hatten schon in sehr frühen Zeiten bildliche Darstellungen der Götter. Dieses aber lag an ihrem Verhältnisse zu der Unwissenheit der übrigen Casten. Sich selbst behielten sie das geheime Verständniss der Symbolik vor, während sie die Menge dem Fetisch- und Thierdienst überliessen. — In Meroe, fügt Strabo in der oben citirten Stelle hinzu, verehrt man auch den Herakles, den Pan, die Isis, nebst einem andern fremden (afrikanischen?) Gott — πρὸς ἄλλῳ τινὶ βαρβαρικῷ θεῷ. S. Anmerk. 25. Hier ist schon ein Uebergang zu der Idolotrie.

Anmerk. 25. In Aegypten nahm man 3 sogenannte Dynastien oder Kreise der Götter an, (vgl. Herod. II, 145 etc. Doch haben auch die scharfsinnigsten Forschungen (Bunsen 2, p. 423 — p. 516) nicht genau nachgewiesen, ob diese Eintheilung auf einem historischen Grunde (allmälige Gründung der Tempelcolonie?) oder astrologischen, oder philosophischen Speculationen beruhete. — Pan soll gleich sein mit dem ägyptischen Khem, aus dem ersten Kreis (der acht Götter;) wenn es nicht vielleicht eine Verwechslung mit Kneph ist, „dem Weltschöpfer" aus derselben Dynastie; (vgl. Jerem. 48, 7: Chemos, כְּמוֹשׁ, LXX: Χαμώς, Gottheit der

Als Herodot im 5ten Jahrhundert v. Chr. den 625 röm. Fuss hohen Belos-Thurm hinaufstieg, traf er im Tempelgebäude (νηός), welches auf dem obersten Stockwerke stand, keine Statue, sondern nur einen goldenen Tisch (das Bild der Sonne?) und ein Ruhebett für die heilige Dienerin des Gottes. Dagegen befand sich in einer andern Capelle, unten im Tempelgebäude, ein ähnlicher Goldtisch nebst einer goldenen Bildsäule des Zeus (Baal). — Dieses ist schwerlich zufällig, denn jene obere Capelle war den Augen der Menge entrückt und hier dauerte der ältere Gebrauch fort. — Dass die Perser ihre Gottheiten durchaus nicht anthropomorphysirten — οὐκ ἀνθρωποφυέας ἐνόμισαν τοὺς θεούς — berichtet Herodot I, 131. So opferten sie zwar dem Zeus, wie er sagt, auf den höchsten Bergspitzen, indem sie sich aber nicht einen persönlichen Gott dachten, sondern den ganzen Kreis des Himmels Zeus nannten — τὸν κύκλον πάντα τοῦ οὐρανοῦ Δία καλέοντας. — Eben so opferten sie auch der Sonne, dem Monde, der Erde, dem Feuer, den Wasser (Flüssen und Quellen) und den Winden, ohne jedoch bei dem Opfer einen Altar zu errichten oder ein Feuer anzu-

---

Moabiter, der Namen ungewisser Ableitung). Herakles eins mit Khunsu oder Chons, aus dem 2ten Götterkreise, d. h. die wandelnde Sonne selbst oder wahrscheinlicher, ein dieselbe begleitendes Gestirn. Isis s. v. a. Mondsgöttin.

zünden. (Vgl. Brissonius de regno Persarum p. 360 etc.) Erst Artaxerxes Ochus errichtete unter den Persern menschenähnliche Statuen — $\dot{\alpha}\nu\vartheta\varrho\omega\pi o\varepsilon\iota\delta\tilde{\eta}$ $\dot{\alpha}\gamma\acute{\alpha}\lambda\mu\alpha\tau\alpha$ — den Göttern. (Berosus bei Clemens Alexandr. Adm. ad gentes, III. p. 43). Erst durch den Einfluss irgend einer indischen Purana scheint dort der einfache Sonnendienst mit den mythischen Verzierungen vermehrt worden zu sein, deren Berosus erwähnt; (Syncelli Chronogr). Wie viel aber an dem wahr sei, was Scheik Mohamed Fani (aus Kaschemir im 17ten Jahrhundert) über den Gestirndienst der indischen Suppasier ($\Sigma o \upsilon \pi \acute{\alpha} \varrho \alpha$ des Ptolemäus?) im Dabistan (übersetzt aus dem Persischen von Gladwin) erzählt, lässt sich wohl nicht bestimmen. Die phantastische Ausschmückung ist zu sichtbar.

Das Weitere, z. B. von der Idolatrie der Syrer können wir übergehen.

Die Araber scheinen am meisten dem einfachen Glauben und den ältesten Gebräuchen treu geblieben zu sein. Ein aufgerichteter Stein mit Oel begossen diente wohl als Altar (Genes. 28, 18) an dem man betete, oder es wurden mehrere übereinandergeschichtet. Die Hamjariten erbauten Tempel (Plin. VI, 28). Allein der höchste Gott — אֵל עֶלְיוֹן, El-Elion, — zu dem auch Melchisedech betete (Genes. 14, 18) wurde nicht vergessen. Der Sternendienst blieb ihm jedenfalls untergeordnet. Noch lange nach Muhamed verehrten arabische Stämme je ein gewisses Gestirn gleichsam als ihre Schutzgottheit; (nach Abulfaradsch bei Assemann p. XXXIII). So erzählt auch Selim el Assouany (schrieb um 940) von den Einwohnern der Insel Aloa: obgleich Viele von denselben den wahren Gott kennen lernten, so rufen sie dennoch Sonne, Mond und Sterne an, und bitten sie um ihre Fürsprache bei Allah; (vgl. Ritters Erdkunde, I. p 564). Eben so verfielen auch die Israeliten, obgleich durch Moses der Dienst des einzigen Gottes festgegründet schien (s. Anmerk. 26), immer wieder in den alten Gestirndienst zurück (s. Anmerk. 27), nur dass er

---

Anmerk. 26. Der Name Jehovah, יהוה bedeutet nach den besten Erklärungen: der, welcher ist, oder: der, welcher ist, der er ist; d. h. den lebendigen, sich selbst bestimmenden, unveränderlichen Gott; besonders gedacht in Beziehung zu dem Bundesvolk der Juden. Vgl. Herzogs Realencyclopädie für die protestantische Theologie und Kirche, VI. p. 455 etc.

Anmerk. 27. Vgl. hierüber unter Andern: II. Kön. 17, 10—16; II. Kön. 21, 3; 23, 4—13; Jerem. 7, 18. — Die Anbetung geschieht besonders auf den Höhen der Berge, mit Räucherungen. Bilder werden vorzüglich der Sonne und dem Monde (אֲשֵׁרָה, Ascherah, d. i. Astarte; sonst sonderbarer Weise übersetzt mit lucus, Hain) aufgerichtet. doch auch die übrigen Sterne verehrt: II, Kön. 23, 5. „Und er (Josias) thät ab — auch die Räucherer des Baal, und der Sonnen, und des Mondes, und der Planeten und alles Heers des Himmels" צְבָא הַשָּׁמַיִם, was eben so gut die Gestirne bedeuten kann. Jerem. 33, 22, als die den Thron Jehovah's umgebenden Engel, I. Kön. 22, 19; Psalm 103, 22. — Baal als höchster Gott des Himmels, ist in dieser Stelle von der Sonne gesondert.

durch Annahme syrischer Gebräuche zugleich ausschweifend und blutig wurde, wovon wir keine Spur bei den Sabäern antreffen. Bei diesen fanden sich keine eigentlichen Statuen, welche die Götter in menschlicher Gestalt darstellten, sondern nur Natursteine, deren Formung von keiner Menschenhand herrührte, wurden als Symbole derselben verehrt. Man berichtet, dass solche natürliche Steingebilde, welche mehr viereckig, oben ein dem Menschenkopfe und dem Antlitz sich annährendes Aeussere zeigten, dem Monde (d. h. der Aschera, Aschtoreth, Astarte, Urania etc.) die oben kegelförmig zulaufenden aber, der Sonne geweihet waren. So beschreibt noch Tacitus (hist. II. 3; vgl. not. 7. ed. Ruperti) das Bild der paphischen Venus: „Simulacrum deae non effigie humana, continuus orbis latior initio tenuem in ambitum metae modo exsurgens." In dem künstlerischen Griechenland entwickelte sich der ungefüge, natürlich geformte Stein dahin, dass zuerst das Haupt des darzustellenden Gottes seine Ausbildung erhielt, während der übrige Körper ein wenig behauener Stein blieb. Darauf beruhen auch die bekannten Hermen, obgleich diese später zierlicher wurden. Daher sagt Pausanias (Attica. XIX, 2) von einem Bilde der Urania — der sogenannten Venus in hortis — zu Athen: „ταύτης γὰρ σχῆμα μὲν τετράγωνον κατὰ ταὐτὰ ‍αὶ τοῖς Ἑρμαῖς." — Am meisten bekannt ist der sogenannte schwarze Stein in der Caaba zu Mecca.

Seiner gedenkt schon Maximus Tyrns (um 180 n. Chr.) Diss. XXXVIII: „Ἀράβιοι σέβουσι μὲν, ὅντινα δὲ οὐκ οἶδα· τὸ δὲ ἄγαλμα ὃ εἶδον λίθος ἦν τετράγωνος." Und Euthymius Zygabenus, der gelehrte byzantinische Mönch, bemerkt in der Panoplia, dass man noch zu seiner Zeit (um 1118) an jenem Steine bei genauer Beobachtung die Züge eines Kopfes wahrnehme: „φέρει γὰρ μέχρι τοῦ νῦν τοῖς ἀκριβῶς κατασκοποῦσιν ἐκ γλυφίδος ἀποτύπωσιν κεφαλῆς" Wie aber die Araber, und nach ihrem Beispiel andere Völker in solchen rohen Naturgebilden die Symbole der Sonne oder des Mondes zu erkennen vermochten, hängt mit der Aufmerksamkeit und der Verehrung zusammen, welche die Alten den Meteorsteinen, oder Bätylien (βαιτύλια, betuli) gewährten. Aus unbekannten Höhen waren diese herabgestürzt, gleichsam als unmittelbare Sendboten des Himmels. Als man erst wahrnahm, dass sie das Eisen anzogen — denn jene Meteore bestehen zum grossen Theil aus Magneteisen — so vermehrt sich noch deren Verehrung und man nannte sie beseelte Steine — λίθοι ἔμψυχοι. In Phönicien ward der Cultus der Bätylien (auch brontia, ceraunia). Doch auch spätere Völker trieben mit ihnen allerlei Aberglauben; vgl. Plin. XXXVII, 9. — Die Verehrung eigentlicher Meteorsteine auf andere seltsamgeformte Fündlinge überzutragen lag sehr nahe. Denn wer vermochte damals noch dem Innern des Steins zu unterscheiden?

Möge es nicht ungeeiget erscheinen, dass wir uns über die religiöse Entwicklung der Kuschiten — welche unserer Hauptfrage fern liegt — weiter verbreiteten. Denn gerade jene Entwicklung **charakterisirt** die Kuschiten als **ein** Volk, lässt den Zusammenhang unter deren verschiedener Abzweigung und den mit den Semiten erkennen, wie ihn auch Aehnliches in Sprache und Schrift schon bezeichnet hatte. Doch bleibt — ehe wir aus diesen Wahrnehmungen ein Resultat zu ziehen vermögen — es uns noch übrig, über die fernern Wanderungen der Kuschiten zu sprechen. Denn nur dadurch kann das so eben Dargelegte ergänzt werden. Wir kommen zurück auf Genesis, Cap. X. v. 8.

In den grasreichen Niederungen zwischen Euphrat und Tigris wanderten kleine nomadische Stämme, meistens semitischer Abkunft, vielleicht auch chaldäische, mit ihren Heerden umher. Einzelne Häuptlinge (מְלָכִין) gründeten hie und da auch feste Niederlassungen, und behaupteten eine Art von Oberherrschaft über schwächere.

Ein solcher Emir oder Scheik war auch Abraham, welcher mit seinem Vater Therach zu Ur in Chaldäa gewohnt hatte, und dann nach Charan und weiterhin nach Kanaan gezogen war. (S. Aemerk. 28).

Anmerk. 28. Ur (אוּר) kennt Ammian. Marc. XXV. als eine Burg in Mesopotamien.

Als Kdorlaomer, König von Elam mit 3 Unterkönigen auszog und auch Abrahams Angehörige plünderte, jagte ihnen dieser mit 318 seiner Getreuen (חֲנִיכָיו) nach und nahm ihnen die Beute wieder ab.

Dort an der Westseite (?) des untern Euphrat, wahrscheinlich wo man noch jetzt die Trümmer von Birs Nimrud gewahr wird, erhob sich ein Tempel des Baal und um ihn entstand, wie zu Meroe eine Niederlassung. בַּעַל aber, der Himmelskönig oder die Sonne, lautet in chaldäischer Form בֵּעַל oder abgekürzt: בֵּל, Bel. Daher der übereinstimmende, griechische Bericht, dass $B\tilde{\eta}\lambda o\varsigma$ der Gründer von Babylon sei. (Denn בָּבֶל oder باب ل, ist: Thor des Bel). Daran knüpfen sich 2 uralte Sagen: die von der Erbauung eines Thurms aus Ziegeln, der bis in den Himmel reichen sollte, wobei sich die Sprachen der Menschen verwirrten (Genes. XI, 1—9; vgl. Ritters Erdkunde VIII. p. 643 über die ähnliche Sage in Korea); und die von Nimrod. — Der Thurm oder Tempel, welchen Herodot bestieg, soll von Nabudonochosar ausgebaut worden sein; die Nimrodsage müssen wir näher betrachten.

Vor Abrahams Zeit muss eine grosse Bewegung unter den Kuschiten entstanden sein, sei es, dass sie von dem Hamjariten verdrängt wurden, oder aus irgend einem andern Grunde.

Ein Auswanderungszug, Krieger von Priestern begleitet, ging längs des erythräischen Meeres und des persischen Meerbusens durch Oman und Hadschar nach dem untern Mesopotamien, ein anderer längs des arabischen Meerbusens nach dem Lande der Nabathaer. Die erstere Auswanderung führte Nimrod der Sohn des Kusch der *Νεβρώδ* der LXX — und gründete dort ein Reich. S. Anmerk. 29. Das ist jener pyramidenartige Thurm des Baal, von Sabäern errichtet, dem gegenüber auf der andern Seite des Flusses die Ansiedlung der Landbebauer erwuchs.

Die Kuschiten in Babylonien unterlagen späteren Erobern; jedoch deren Namen verging nicht gänzlich in Mesopotamien und den umliegenden Landen. Dahin gehören wahrscheinlich: die Cussaei östlich von Susiana (Plutarch. *τὸ Κουσσαῖον ἔθνος*, Stephanus: *Κοσέα μέρος Περσίδος* etc). Noch Jahrhunderte lang trugen die Ebenen östlich von dem Tigris bis an die Gebirge und Hochflächen, wo einst die Elamiten sassen, den Namen: Chusistan. Ob auch Kuth (כוּת oder כּוּתָה vgl. 2. Kön. 17, 30) hierher zu ziehen sei, mag unbestimmt bleiben. (Nach Josephus, Archaeolog. 9, 14 lag es in Persien — „*αὕτη δέ ἐστιν ἐν Περσίδι*" — und man erinnert dabei an كَرْج im heutigen Jrak;

Anmerk. 28. Schinhar, von den LXX stets mit *Σενναάρ* gegeben, erinnert an das heutige Senaar in Aloa. Die einzelnen Städte aber, mit Ausnahme Babels und Ninivehs lassen sich bei den Widersprüchen der Commentatoren nicht genau bestimmen. — Nach der arabischen Sage wurde Nimrod, weil er Gott trotzte, wahnsinnig, indem ihm eine kleine Mücke durch durch die Nase in das Gehirn drang.

nach Andern lag es bei Sidon. Henry Rawlinson (Vortrag über assyrische und babylonische Geschichte, abgedruckt im Ausland, Jahrgang 1856, No. 36) bemerkt, dass sich in Keilschriften vor der Gründung des assyrischen Reichs (d. h. 1200 n. Chr.) Spuren fänden, dass die ersten Colonisten Babyloniens aus Aethiopien gekommen seien, unter Führung eines Helden, welcher dem Nimrod entspreche. Siehe Anmerk. 30.

Fragt man aber nach dem Zeitpunkt, wo Babylon gegründet wurde nnd nach dem weiteren Geschicke dieser kuschitischen Niederlassung, so ergiebt sich eine genauere Erwiderung bis jetzt als unmöglich. Nach der ältsten, bereits citirten Sage wird Babel in der heiligen Schrift lange Zeit nicht mehr erwähnt.

Erst in den letzten Zeiten des Königreichs Juda wird Babylon wieder genannt (z, B. Jesaias Cap. 14). Wir müssen uns daher zu den Fragmenten späterer Annalisten wenden, welche mit ältern Quellen bekannt waren. Der wichtigste unter ihnen ist Berosus (Bar Osch?), der Priester des Belos, der unter Ptolemaeus Philadelphus, um 260 v. Chr. schrieb, und welchem

---

Anmerk. 30. Wenn Rawlinson aber hinzufügt, dass Nimrod zu Kuth unter dem Namen Nergal als ein Gott der Jagd und des Kriegs verehrt wurde, so ist dieses ein Irrthum; denn Nergal wird besser als das ewige Feuer in den Feuerstätten — πυραιθεία — der Perser erklärt. Selden p. 317.

Aufzeichnungen — ἀναγραφαι — der Priester, welche im Tempel zu Babylon aufbewahrt wurden, zur Hand waren. Will man aber aus dessen Bruchstücken, denen des Syncellus und Anderer eine Geschichte herstellen, so gewahrt man bald die sichtbare Versetzung späterer Thatsachen in ältere Zeiten, und überhaupt die gänzliche Unsicherheit jeder Chronologie. Auch durch die Versuche der Commentatoren, in diese Verwirrung einige Ordnung zu bringen, ist nicht viel gewonnen; denn deren Widersprüche sind nicht immer auflösbar. (Vgl. Chr. Dan. Beck's Anleitung zur genaueren Kenntniss der Allgem. Weltgeschichte B. 1. p. 164 — 198). Der Canon Chronicus des J. Marsham, giebt für seine Zeit (1672) noch die besten Aufschlüsse. Eine kurze Zusammenstellung des Geschehenen, wie es uns wenigstens — im Zusammenhange mit dem bereits Vorgetragenen — erscheint, dürfte hier erwartet werden.

Die griechische Sage, dass Semiramis, Königin von Assyrien, Babylon gegründet habe, verwirft Berosus im dritten Buche seiner chaldäischen Geschichte als eine Thorheit (Joseph. c. Ap. I). Diese Sage ging zunächst wohl von Ktesias aus, welchem Andere folgten. Herodot erwähnt blos der Wasserbauten dieser Königin um Babylon, (I, 184). — Dagegen berichtet Megasthenes (um 284 v. Chr.), dass anfänglich die Gegend um Babylon häufig mit Wasser bedeckt gewesen sei, und dass Belos Jedem seinen Antheil zugewiesen und Babylon mit Mauern umgeben habe (Euseb. praep. ev. IX). — Diodor (I. Cap. 28) erwähnt der ägyptischen Erzählung, dass Belos Auswanderer (aus Aegypten?) nach dem Euphrat geführt habe, und nachdem er an diesem Flusse Babylon gegründet, dem Priesterstand dieselbe politische Freistellung wie in Aegypten gewährte, und dass diese fortfuhren, die Bewegungen der Gestirne zu beobachten, nach der Art der ägyptischen Priester etc. (Das Missverständniss über den Ursprung dieser Auswanderer ist vermöge der Gleichartigkeit der Priestercolonie leicht erklärlich). Dass bei den griechischen Scriptoren die sabäischen Priester zu Babel stets: Chaldäer genannt werden, sei vorläufig bemerkt. — Auf die Zeit der Gründnng Babylons lässt sich nur schliessen. Der grundgelehrte Philosoph Simplicius (Commentaria in IV. libros de coelo Arist. lib. VI) berichtet, dass Kallisthenes auf den Betrieb des Aristoteles aus Babylon: Beobachtnngen über die Bewegungen der Gestirne übersendete, und fügt hinzu, dass diese Beobachtungen bis auf die Zeiten Alexanders 1903 Jahre umfassten. Gesetzt nun, diese Angaben sind richtig, und die Sternbeobachtungen fallen mit der Gründung Babylons ziemlich zusammen, so berechnet sich diese auf ungefähr 2250 v. Chr.; s. unten. (Was die ungeheuern Sternbeobachtungen der Chaldäer betrifft, wie sie erwähnt werden: 473000 Jahre vor Alexander, so sind diese nichts anderes, als mathematisch in die Vergangenheit zurückberechnete Constellationen.)

Nach der Gründung Babels werden von Berosus 12 mythische Könige erwähnt, welche zusammen 120 Saren (?) herrschten. Nach diesen 7 chaldäische Könige, welche 225 Jahre, und 6 arabische, welche 215 regierten. Der leszte derselben unterlag Ninus, dem Assyrer. Jedoch gewinnen wir auch dadurch keinen festen chronolgischen Punkt. Denn bei den Assyrern ist die Verwirrung der Zeitbestimmungen noch weit grösser.

Der Namen Assur oder Assyrien wird in der verschiedensten Ausdehnung gebraucht: (s. Beck a. a. O. I, p. 196). Ursprünglich bezeichnet er ein nicht grosses Land östlich vom Tigris, zwischen den gordischen Gebirgen und dem Gyndes. Man kann Genesis X, 11 verschieden interpretiren, immer bleibt aber Niniveh (Νίνος, nicht Νῖνος) als eine babylonische Colonie.

Dagegen erscheinen Erzählungen des Ktesias bei Diodor über die Gründung des assyrischen Reichs durch Ninus 1000 Jahre vor Troja's Zerstörung (2184 v. Chr.), von dessen gewaltigen Eroberungszügen, seinem Grabmal, welches ihm Semiramis 9 Stadien (5121 Par. Fuss) hoch errichten liess etc. als mythische, mit orientalischer Phantasie ausgeschmückte Gebilde. S. Anmerk. 31. Nur die

Anmerk. 31. Marsham, p. 598, sucht durch den Nachweis eines zweifachen Ninus manche Widerzprüche zu lösen.

Angabe Herodots, I. 95, dass ein assyrisches Reich 520 Jahre bestand, bevor die Meder von ihm abfielen (also schon um 1230, nach Volney, Chronologie d'Herodot: 1265 v. Chr.), liess an der Existenz dieses ältern Reichs nicht zweifeln, während den Hebräern zur Zeit Davids die Söhne Assurs noch nicht als ein eroberndes Volk bekannt sind. Erst mit ihrem König Phul, welcher sich den israelitischen König Menahem (2 Kön. 15, 19) zinsbar macht, treten sie in die Geschichte ein, 771 v. Chr. — Doch nimmt Rawlinson a. a. O. als ältestes assyrisches Monument der Keilschrift eine Inschrift eines Königs Tiglet Pilesar (verschieden von dem Sohne Phuls) aus dem Jahre 1100. Dieses Denkmal bezeichne die Eroberungen des Königs in Kleinasien und Syrien (Damascus), hinzufügend, dass etwa 250 Jahre später, diese Inschriften in der Art von Annalen sich folgen.

Eine sichere Chronologie entsteht in dem Zweiflusslande erst mit dem chaldäischen Könige Nabonassar. Das ist die Aera, welche von ihm ihren Namen erhielt. Wahrscheinlich nahmen damals die Priester zu Babel bei ihren Berechnungen das ägyptische Jahr von 365 Tagen an, zugleich mit der Sirius-Periode von 1461 ägyptischen Jahren, welche gleich 1460 julianischen sind.

Nach Ptolemäus verflossen von Nabonassar bis auf Alexander den Grossen 424 ägyptische Jahre: ἀπὸ μὲν τοῦ Ναβονασσάρου βασιλείας μεχρὶ τῆς Ἀλεξάνδρου τελευτῆς ἔτη συνάγεται κατ᾽ Αἰγυπτίους ιπδ. (Ptolem. Can. I., III. Cap. 7); daher diese Aera mit dem Jahre 747 beginnt. — Hier bleibt nun Vieles dunkel und voll Widersprüche (s. Anmerk. 32); selbst die Existenz eines wirklichen Nabonassar wird bezweifelt. Hier ist nun vor Allem eine Notiz bei Plinius, VII. 56, sehr wichtig: „E diverso Epigenes (unter Augustus?), apud Babylonios DCCXX annorum observationes siderum coctilibus laterculis inscriptas docet, gravis autor imprimis. Qui minimum, Berosus et Critodemus CCCCLXXX annorum." Da nun Berosus wie schon gesagt, um 260 anzunehmen, so fällt demnach der Beginn der Aufzeichnung der Sternbeobachtungen in den bekannten babylonischen Brennziegeln mit jener Aera zusammen. Der Widerspruch zwischen Porphyrius und Berosus in Bezug auf den Beginn der Beobachtungen lösst sich dadurch leicht.

Durch welche Begebenheit im Innern Babylons die neue Zeitberechnung veranlasst wurde, (früher scheinen die Chaldäer nach Mondjahren gerechnet zu haben), wie Nabonassar sich zu Babylon verhielt, lässt sich nicht errathen. (Schon Syncellus stellt

---

Anmerk. 32. Die verschiedenen Ansichten sind zusammengestellt: A. Pauly's Real-Encyclopädie der class. Alterthumswissenschaft B. V. p. 387 etc. Selbst der Dauer des ägyptischen Jahres von 365 Tagen, genau zusammenhängend mit der Sirius-Periode, wird zuweilen widersprochen; obgleich die Beobachtung dieses Gestirns, dessen Aufgang mit der Nilanschwellung zusammenfällt, den Aegyptern eigen.

darüber eine unhaltbare Hypothese auf, Chron. pag. 165. 207). Er war ein König der Chaldäer, der wahrscheinlich schon eine Art von Dominat — vielleicht im Namen des Königs von Assyrien über Babel ausübte, wie auch seine nächsten Nachfolger, von denen wir nur die Namen kennen. — Die Chaldäer (Chasdim, כַּשְׂדִּים) wohnten im Mosischen Gebirge (מָשׁ, Genes. 10, 28), westlich von Tigris, dessen östliche Fortsetzung die gordyäischen Gebirge bilden, oder in weiterer Ausdehnung in jenen Hochlanden zwischen den Seen Wan und Urmia und dem Ararat, an die sich die ältesten Sagen der Menschen knüpfen. Von da breiteten sie sich, wild und kriegerisch nach verschiedenen Seiten aus; (auch die Chalyber am Pontus waren Chaldäer, Strabo X. p. 378). Zu welchem Völkergeschlecht sie gehörten, welche Sprache sie redeten, wird bezweifelt;.(schwerlich: die slawische, wie Michaelis meinte), ob eine arische oder einen aramäischen Dialekt? — Von ihnen sagt Jeremias V, 15 zu den Juden: „Ein Volk des Sprache du nicht verstehst." Demnach wich ihre Mundart von der hebräischen gewiss bedeutend ab.

Was nun Nabonassar betrifft, so ist die Ansicht, dass derselbe überhaupt mit der Entstehung jener Aera nichts zu schaffen gehabt habe und dass dessen Namen im Canon des Ptolemäus zufällig an der Spitze der ersten Königreiche stand, die einzige Veranlassung sei, sie nach ihm zu nennen, gar nicht ungereimt.

Von dessen nächsten Nachfolgern kennen wir nur die Namen. Erst Nabopalassar (624—606) scheint sich zu Babylon festgesetzt zu haben, indem er dabei wie ähnliche asiatische Eroberer verfuhr. Er siedelte nämlich seine siegreiche Horde auf der, dem Belos-Tempel gegenüberliegenden Seite in einer ungeheuren Stadt mit Gärten und weiten Räumen an. Dessen Sohn Nabuchodonosar (Nebucadnezzar) gestärkt durch den Sieg bei Circesium (Cercusium) breitete seine Macht weiter aus, errichtete die ungeheueren Mauer-Wälle um Babel, bauete den Belos-Tempel aus und machte überhaupt Babel zu dem Mittelpunkt eines gewaltigen Reichs. Eine Krieger-Niederlassung gegen die Gränzen Arabiens hin, schuf ein neues Chaldäa.

Von hier erst beginnt die eigentliche Blüthe Babylons, im Innern gegründet auf trefflichen Anbau des fruchtbaren Landes, auf kunstreiche Gewerbe und Karawanen-Handel.

Zu jener Zeit nun sehen wir in Babylonien eine zahlreiche Priesterschaft. In gesonderten Bezirken wohnend, sind sie Astronomen, Mathematiker, Genealogen, Philosophen, überhaupt Inhaber des Wissens und zerfallen nach ihren Ansichten in verschiedene Sekten. (Strabo XVI, Cap. 1). „Ἀφώριστο δ᾿ ἐν τῇ Βαβυλωνίᾳ κατοικία τοῖς ἐπιχωρίοις φιλοσόφοις, τοῖς Χαλδαίοις προσαγορευομένοις, οἳ περὶ ἀστρονομίαν εἰσὶ τὸ πλέον· προσποιοῦνται δέ τινες καὶ γενεθλιαλογεῖν, οὓς οὐ καταδέχονται οἱ ἕτεροι· — Ἔστι δὲ καὶ τῶν Χαλδαίων τῶν ἀστρονομικῶν γένη πλείω. Καὶ γὰρ Ὀρχηνοί τινες προσαγορεύονται, καὶ Βορσιππηνοί, καὶ ἄλλοι πλείους, ὡς ἂν κατὰ αἱρέσεις, ἄλλα καὶ ἄλλα νέμοντες περὶ τῶν αὐτῶν δόγματα." — Auffallend ist es nun, dass diese Priester von den Griechen vorzugsweise „die Chaldäer" genannt werden, wie Magier bei den Medern, Druiden bei den Kelten. Liegt bei dieser Benennung irgend ein sprachliches Missverständniss zu Grunde? Ging der Name der Sieger auf die Besiegten über? Oder bestand schon bei den kriegerischen Chaldäern, als sie noch auf dem Mosischen Gebirgen wohnten, eine gesonderte Priesterschaft, welche sich in Babylonien mit den alten Sabäern verband? — Die verschiedenen Sekten dieser Priester, welche in ihren astronomischen Ansichten von einander abweichend, ihre Benennungen von ihren Tempeln und Wohnorten zogen — die Orchenier von Orchoe, die Borsippenier von Borsippa (Βόρσιππα, Βόρσιππος, auch Barsita des Ptolemäus) — könnten auf eine ursprüngliche Sonderung hindeuten.

Die meisten Aufschlüsse haben wir noch von einer genauern Durchforschung der Keilschriften zu erwarten. Diese Keilschrift findet sich im alten Medien, Persien, Assyrien und Babylonien. In den drei zuerst genannten Landen ist sie monumental, d. h. sie ist in geglätteten Felsenwänden, Säulen etc. eingegraben, in Babylonien, wo es an Felsgestein mangelte, findet sie sich auch in Thontafeln oder Backsteinen, und zwar mit Hülfe von Holzformen, eingedrückt. Eine Verbindung derselben mit der Hieroglyphenschrift oder irgend eine Nachbildung natürlicher Gegenstände nach Art der ägyptischen Lautschrift oder der semitischen Buchstaben wird wohl keine Phantasie herstellen. Diese Schrift besteht aus Strichen — Keile nennt man sie, weil sie an dem einen Ende breiter sind, gegen das andere sich zuspitzend — nach Zahl und Zusammenstellung besonderer Zeichen, eigentliche Buchstaben bilden. Doch hat sie weder mit den Runen, noch mit irgend einer andern Schrift eine Aehnlichkeit. Man bemerkt auf manchen Monumenten, z. B. an dem Felsen zu Behistem, Keilschriften einer dreifachen Art, welche aber — so weit es die bisher noch sehr unvollkommne Entzifferung errathen lässt — desselben Inhalts sind, also nur in der Sprache, welche sie bezeichnen, von einander abweichend. Der Zweck lässt sich leicht errathen: die dreifache, monumentale Inschrift sollte den 3 Sprachen eines grossen Volks entsprechen und genügen.

In diesen drei Sprachen will man gewöhnlich: einen aramäischen Dialekt (assyrisch-babylonisch) das Altpersische (in der Inschrift zu Persepolis nach Lassen) und die Zendsprache erkennen, diesen Ausfluss des Sanskrit. Genauere Forschung zeigte, dass diese dritte Keilschriftsprache nicht das eigentliche Zend sei, in welchem die Bücher des Zend-Avesta geschrieben sind, sondern ein verwandter Dialekt, der sich noch mehr dem Sanskrit nähert. (Ἀρεία; in Zend: Haroyn, liesst Bournouf: Arōi). Ueber das Alter und den Ursprung der Keilschrift werden wir, so lange noch die bedeutendsten Interpreten selbst die Eigennamen verschieden lesen, wenig Bestimmtes erfahren. Ist Rawlinson's Angabe über die assyrische Inschrift vom J. 1100 richtig, so gewinnt man einigen Anhaltepunkt. In manchen Keil-Inschriften will man bemerken, dass nach der Weise der semitischen Schriftweise kurze Vokale nicht bezeichnet wurden, woraus Abkürzungen entstanden (z. B. āurmzda der Keilschrift soll ahura mazda gelesen werden), während in den arischen Sprachen die Vocale vollklingend und zur Sylbenbildung wesentlich sind. Das ist aber noch kein Grund, die Erfindung der Keilschrift einem semitischen Stamme zuzuschreiben. Im Gegentheil scheint diese über Medien (Madai) von einem nordostwärts gelegenen Volke her sich verbreitet zu haben, bis sie bei der Berührung mit aramäischen Mundarten in ihrer Anwendung einige Veränderungen erlitt. Die Babylonier scheinen sich derselben auf öffentlichen Monumenten bedient zu haben, während sie im gewöhnlichen Leben die semitischen Schriftzüge beibehielten. Dass die babylonische Keilschrift — wie man bemerken will — zusammengesetzt ist und eine mehr künstlerische Gestalt zeigt, spricht ebenfalls für einen späteren Gebrauch derselben in diesem

Lande. Vielleicht dass Forschungen im alten Sogana und Baktriana hier künftig nähere Aufschlüsse gewähren.

Noch ist es übrig, auf die dritte Auswanderung der Kuschiten einen Blick zu werfen. — Eine grosse Ansammlung kriegrischer Nomaden findet sich im nordwestlichen Arabien. Sie dringen über die Landenge Suez vor und erobern Aegypten bis Memphis, welches die südlichste Stadt ihres Reiches wird. Zu Theben bestehen ägyptische Könige fort, jenen zinsbar. Diese Einwanderer sind unter dem Namen Hyksos bekannt; — das Wort soll Hirtenkönige bedeuten. Manethon der Priester zur Zeit des Ptolemäus Philadelphus, schreibt im zweiten Buche seiner ägyptischen Geschichte (Josephus c. Ap. 1. Cap. 14—16): diese Männer eines unberühmten Stammes nahmen das Land ohne Mühe ein, zerstörten Städte und Tempel, und knechteten die Einwohner. Den Salatis machten sie zu ihrem Könige, der zu Memphis seinen Sitz nahm, und von dem obern wie von dem untern Aegypten Zins einforderte. Um fremde Einfälle abzuhalten, befestigte er an der Nord-Ost-Gränze die Stadt Awaris mit hohen Mauern und legte eine Besatzung von 240000 Mann hinein. Dorthin begab er sich im Sommer, um die Mannschaft mit Nahrungsmitteln zu versehen, den Sold auszubezahlen und Kriegsübungen vorzunehmen; (wie etwa auch in Babylonien chaldäische Kriegshorden in befestigten Lagern zusammengehalten wurden s. Anmerk. 33). — An 43 Hirtenkönige stehen 40 oder mehr thebäischen Zinskönigen gegenüber. Tutmosis I. vertrieb die Hirtenkönige, nur Awaris eroberte er nicht, welches erst Tutmosis II. gewann. Die Nomaden zogen vertragsmässig ab. Bunsen, Buch III. p. 121, kömmt nach sorgfältigen Forschungen zu dem Resultat: dass Menes, der zuerst genannte König Aegyptens um das Jahr 3643 vor Chr. lebte, dass die Hyksos im Jahr 2567 in Aegypten eindrangen und nach einer Herrschaft von 929 Jahren im J. 1639 abzogen. Wir können hier nicht darauf eingehen, wie nach ägyptischen Sagen diese Wanderung der Hyksos mit dem Auszug der Israeliten zusammenhing, so interessant auch die Sache ist. Man mag aber für die Wohnzeit der Israeliten in Aegypten 250 Jahre oder mehr annehmen, immer ergiebt es sich, dass diese unter der Herrschaft der Hyksos in Aegypten sassen, und dass auf deren Vertreibung auch Jener Knechtung folgte, indem sie fortfuhren, die heiliggeachteten Thiere zu schlachten und zu verzehren.

Einige sagten, bemerkt Manethon a. a. O., dass diese Hirten arabischen Stammes seien. Man irrt aber schwerlich, wenn man sie für Kuschiten achtet.

Anmerk. 33. Noch im 18ten Jahrh. hielten die freien Kosaken, jeder Stamm in einem gesonderten Lager, dem kein Weib sich nähren durfte, stets eine starke, wechselnde Kriegsmannschaft bereit.

Als diese Aegypten verliessen, sollten sie ägyptischer Sage gemäss, nach Kanaan gezogen und sich daselbst niedergelassen haben. S. Anmerk. 34.

Jedoch bestanden sie noch fort im nordwestlichen Arabien. Die Zipora, Tochter eines Priestes Reguel in Midian, welche Moses heirathete, Exod. 2, 21 wird Numer. 12, 1: eine Kuschitin genannt, wo die LXX: *Αἰθιόπισσαν* übersetzten. Vgl. II. Chron. 21, 16: „also erweckte der Herr wider Joram den Geist der Philister und Araber, die neben dem Mohren (Kuschiten) liegen."

Nachdem die Israeliten Aegypten verlassen und eine zeitlang unter semitischen und kuschitischen Stämme als Nomaden herumgewandert waren, nahmen sie dieselbe Richtung wie die Hyksos. Nur der Rest der Hirten blieb in Aegypten zurück, der Herrschaft der Aegypter unterthan. Das ist die Kaste der Rinderhirten *βούκολοι*, bei Herodot II, 41, wegen ihrer Thiernahrung den andern Aegyptern ein Gräul, wie ihn

---

Anmerk. 34. Nach der ägyptischen Sage wurde damals Jerusalem von den Hyksos gegründet (s. Joseph. c. Ap. 26.) Manethon spricht von Solymiten — *Σολυμῖται* — Salem — שָׁלֵם wird schon Genes. 14, 18 als Wohnsitz des Melchisedek (d. i. König der Gerechtigkeit), eines Priesters des Herrn genannt; oder Jebus — יְבוּס, d. h. Stadt der Jebusiter. Joseph. Arch. I, 10: "*τὴν μέντοι σόλυμα ἐκάλεσαν Ἱεροσόλυμα*„ Die Araber nennen es: Ir Kodasch, d. h. heilige Stadt (s. Nehemia 11, 1), jedoch auch el Kuds. Ist dieses eine Erinnerung an Kusch?

auch die Hebräer gewesen waren, (Genes. 46, 33; 43, 32). In beständiger Absonderung von den übrigen Laudeseinwohnern, standen sie doch in geringerer Verachtung als die Schweinehirten, συβῶται, wahrscheinlich ein alter, eingeborner halbwilder Stamm, der in den Sümpfen Unterägyptens seinen Unterhalt fand. S. Anmerk. 35.

Obgleich nun die Kuschiten in ihrer Heimath den hamjaritischen Arabern unterlagen und als Auswanderer unter andern Völkern sich grösstentheils verloren, so blieben sie doch, besonders wegen ihrer religiösen Cultur, ein sehr wichtiges historisches Element, weit genauerer Forschungen würdig.

Anmerk. 35, Ueber die Sitten dieser Rinderhirten vgl. auch Heliodor, I, 7.

§. 10.
Ein Resultat.

Fragt man nun, ob aus dem bisher Dargestellten überhaupt irgend eine klare Ansicht über die Erfindung der Buchstabenschrift sich ergebe, welche sich von West-Asien weithin in die Abendländer verbreitete, so kann man dieses nur mit gewissen Beschränkungen zugestehen. Durch die Zusammenstellung der **Hauptsätze**, deren wir Erwähnung thaten, lässt sich zwar viel Wahrscheinlichkeit gewinnen, jedoch keine Gewissheit. Wir wollen es daher mit jener versuchen.

Die Lautschrift ist ursprünglich keine zufällige oder plötzlich geniale Erfindung, sondern sie ist allmälig erwachsen. Wir erkennen dieses besonders in den unvollkommnen Versuchen aus der Bilderschrift oder Begriffsschrift (Dschinesen) zu ihr zu gelangen. Bei den Aegyptern hatte sie sich zu einem hohen Grade der Beweglichkeit entwickelt, jedoch noch nicht gänzlich von der Hieroglyphik losgerissen. (Erst die demotische Schrift, wohl nach fremdem Beispiel geartet, diente zum Lebensgebrauch). — Ist jedoch die Idee einer Buchstabenschrift einmal vorhanden, so ist die Erfindung derselben für eine besondere Sprache sehr erleichtert, nur dass deren Laute mit Sorgfalt erst zergliedert und dann durch Zeichen fixirt werden müssen. —

So ist die Sanskritschrift, von hoher Ausbildung, zwar selbstständig erfunden, aber über Zeit und Art des Ursprungs — was ihr vorausgegangen — sind wir im Ungewissen. — Das sogenannte semitische Alphabet ist in verschiedenen Abzweigungen vorhanden, die entweder von einem der bekannten Alphabete, oder von einem der nicht mehr in ursprünglicher Gestalt existirenden, herstammen. — Jenes Alphabet ist von Jemandem geschaffen, welcher die hieroglyphische Lautschrift kannte. Denn die Buchstaben sind der Form nach abgekürzte Hieroglyphen, gewählt nach der Art der ägyptischen Lautschrift, bezeichnet mit den Namen der natürlichen Gegenstände, welche sie darstellen sollen. — Dass von einem existirenden Alphabete die andern als Abzweigungen herkommen, lässt sich paläographisch nicht nachweisen, (obgleich die Formen der phönicischen Schrift grossentheils zu den ältesten gehören mögen). Es wird dagegen wahrscheinlich, dass in einzelnen Buchstabenformen der verschiedenen Abzweigungen sich die ursprünglichen (hieratisch-) abgekürzten

Hieroglyphen erkennen lassen. In so fern kann man von einem verlornen Uralphabet sprechen. — Aus innern Gründen (d. h. nach der Auswahl der Buchstabenbenennungen) lässt sich schliessen, dass jenes Alphabet bei einem Volke der Wüste enstand; (nicht bei den Phöniciern zur Zeit ihrer Handelsblüthe); jedoch nicht bei den Hebräern, aus sprachlichen Gründen, (die Buchstabennamen lassen sich nicht alle aus dem Hebräischen erklären). — Es ist aber noch die Frage, ob dieses ursprüngliche Alphabet die Erfindung eines Nomaden selbst sei; oder von einer hochstehenden Priesterschaft für ein Volk von Nomaden und zu deren Verständniss geeignet, geschaffen wurde. — Dass eine solche Priesterschaft die Erscheinungen der Gottheit, d. h. Sonne, Mond, Gestirne, bei der Auswahl der Lautzeichen nicht berücksichtigte, ergiebt keinen Widerspruch, sondern ist gerade charakteristisch, denn jene Schrift war zum Volksgebrauch, wahrscheinlich neben einer heiligen. — Erwägt man nun die Natur des sogenannten semitischen Alphabets, so erscheint die Erfindung sehr sinnreich. Es hat bestimmte Zeichen für bestimmte, scharf gesonderte Laute (ungleich der ägyptischen Lautschrift, welche r und l nicht scheidet). Die Zahl der Buchstaben ist zwar gering, aber der Sprache genügend, besonders vermöge des merkwürdig einfachen Vocalsystems der Semiten. — Die Erfindung dieser Schrift muss in hohe Zeit hinaufgehen. (Die ägyptische

Lautschrift — nach Bunsen — bis auf König Nentef in der 8ten Dynastie, um 2945 v. Chr.). Denn Moses schrieb um d. J. 1667. — In jener alten Zeit hatte jedes höhere Wissen, als von den Priestern ausgehend und von ihnen getragen, eine religiöse Natur. Auch die Kenntniss der Schrift an und für sich, jetzt so wenig beachtet, machte auf die alten Völker einen geheimnissvollen Eindruck. — Die sabäischen Priester, zu schliessen aus den Resten der Bauwerke, nach der Kunde von der Blüthe des Landbau's (künstliche Bewässerungen) und der Gewerbe in Saba, Meroe und Babel, vor Allem nach ihrem reinen, religiösen Cultus, müssen einst eine sehr hohe Stellung eingenommen haben. — Durch ihre Verbindung mit Aegypten mussten diese Priester, ohnehin in der Hieroglyphenschrift erfahren, auch Kenntniss von der ägyptischen Lautschrift gehabt haben, und waren dadurch in den Stand gesetzt, nach deren Beispiele, aber dem eigenen Ermessen folgend, eine Lautschrift für ihre Landesgenossen, die sie umgebenden nomadischen Stämme zu entwerfen. (Von Meroe wird die allgemeine Schriftkunde, obgleich undeutlich, ausdrücklich berichtet). — Da nun die semitischen und kuschitischen Stämme, ohnehin sprachverwandt, häufig durcheinander wohnten und sonst im häufigen Verkehr standen, (erst später durch die Verkümmerung der reinern Religion in Idolatrie mehr geschieden), so konnte sich die Kenntniss der Buchstabenschrift von Stamm zu Stamm leicht verbreiten; erst im Norden von der Keilschrift begränzt. — So war es durch die kuschitischen Wanderungen möglich, dass die Phönicier (selbst Kuschiten?) schon in ihren Wohnsitzen oben am persischen Meerbusen, dass die Babylonier, dass die Midianiten und die Hyksos mit dieser Schrift bekannt geworden waren. — Der Uebergang derselben zu den Hebräern in Aegyten erklärt sich von selbst und Moses schrieb für ein Volk, dessen Priester wenigstens seine schriftlichen Aufzeichnungen zu lesen und zu verstehen vermochten.

Hier sind die Grundzüge wenigstens einer Hypothese, durch welche viele zerstreute Wahrnehmungen und einzelne Thatsachen natürlich zu einem Ganzen sich vereinigen. Vielleicht dass wir einmal durch genauere Forschungen in den Trümmern von Meroe und Saba besser belehrt werden.

§. 11.
Die Wanderung der Buchstaben nach Westen.

Die älteste Geschichte der Hellenen verschwimmt in zahllosen Mythen, wie sie von einem so poetischen Volke ersonnen und wundersam ausgeschmückt wurden: gleichsam gesprochene Hieroglyphen. Als sich erst die Dichter derselben bemächtigen, so zerrinnen sie gänzlich in Widersprüchen, die Niemand zu lösen vermag. Nur wo die Sage an einem bestimmten, besonders hervorragenden Orte haftet, wo ein Denkmal das Alterthum überdauert, darf man zuweilen historische Thatsachen zu erkennen glauben. Auch, zwar vereinzelte, aber immer wiederkehrende Momente der Gesittung, geben in ihrer Zusammenstellung ein ziemlich deutliches Bild des althellenischen Lebens.

An den Küsten und auf den Inseln des ägäischen Meeres nennt die älteste Völkertafel (Genes. X, 2—5) die Söhne Jovans oder Javans, eines Sohnes Japhets (יָוָן. die LXX: *Ἰωύαν*; *Ἰάονες ἑλκεχίτωνες*. Il. XIII, 685). Der Name aber wird von den spätern Hebräern für so verschiedenartige Küstenvölker gebraucht, die Abkömmlinge Javan's (s. v. 4) lassen sich so wenig genau bezeichnen, dass sich schon so die Unbestimmtheit des Begriffs darthut, die noch mehr in dem V. 5. hervortritt: „von diesen sind ausgebreitet die Inseln (אִיִּים kann Inseln und Küsten bedeuten) der Heiden in ihren Ländern, jeglicher nach ihrer Sprache, Geschlechtern und Leuten."

Ein Stamm der Hellenen, die spätern *Ἴωνες*, scheinen den früher gemeinschaftlichen Namen beibehalten zu haben, während nach und nach die Benennungen anderer Stämme Geltung bekamen. Nur dass die nachgehends fingirte Deucaleonische Genealogie sich nicht nachweisen lässt. Andrerseits erkennt man aber an jenen Küsten und auf den nahliegenden Inseln die Gemeinsamkeit der Sprache und Gesittung, so dass Homer nicht ohne Grund die *Κᾶρες βαρβαρόφωνοι* ausscheidet; (vgl. Herod. VIII, 135).

Zwischen den Abenteuern, Seezügen und wilden Thaten der Heerführten und Helden berichtet die Sage häufig von Ankunft der Fremdlinge in dem Lande der späterhin sogenannten Hellenen. Einzelne Häuptlinge aus fernen Ländern kommen mit ihrem Gefolge und gründen Niederlassungen, angestaunt von den Eingebornen wegen ihrer Reichthümer, bessern

Waffen und Kenntnisse; wandernde μάντεις verbreiten die Kunde von neuen Göttern und deren Dienst, oder in der Form von Sprüchen die ersten Keime einer edlern Gesittung; Priestergemeinschaften erbauen Tempel, um welche landbautreibende Ansiedlungen entstehen. Noch lange erben in einzelnen Geschlechtern weithergebrachte Kenntnisse und geheimnissvoller Götterdienst fort.

Unter den berühmtesten Fremdlingen wird vor Andern Kadmos genannt. Dass dessen Name einen Morgenländer an und für sich bezeichnet, ist schon längst vermuthet. (קֶדֶם Ketem bedeutet eben so gut: Vorzeit, als Osten, בְּנֵי קֶדֶם, Bne Ketem: Söhne des Morgenlandes, Hiob 1, 3; 1. Kön. 4, 30; Kadmonim, קַדְמֹנִים (eigentlich: die Alten, früher Lebenden) wird Genes. 15, 19 ein canaanitischer Stamm genannt). Dass Kadmos aus Phönicien kam und am Ismenos die Καδμεῖα gründete, ist die wahrscheinlichere Sage (Herod. II, 49; Pausan. IX, 12); wobei die Frage unentschieden bleibt, ob seine Auswanderung mit dem Einbruch der Israeliten oder anderer Völker im südlichen Syrien zusammenhing. Wie man ihn (oder den Καδμῖλος) in die kabirischen Mysterien etc. verflocht, ist hier zu untersuchen überflüssig.

Herodot berichtet nun V. 58—61: die Phönicier, welche mit Kadmos kamen, brachten unter andern Bildungsgegenständen (διδασκάλια) auch die Buchstaben nach Griechenland, welche früher dort wohl nicht bekannt waren — ὡς ἐμοὶ δοκέειν. Zuerst gebrauchten die Griechen die Buchstaben eben so wie die Phönicier, mit der Zeit aber veränderten sie mit dem Laut auch die Gestalt der Buchstaben — ἅμα τῇ φωνῇ μετέβαλον καὶ τὸν ῥυθμὸν τῶν γραμμάτων. Diese Veränderung ging besonders von den Joniern aus, welche eine zeitlang Gränznachbarn jener phönicischen Ansiedlung waren; der Name: phönicische Buchstaben, blieb aber mit Recht, da die Phönicier sie zuerst eingeführt hatten. (Vgl. Eupolemos bei Clemens Alex., Strom. p. 252 (Lugd. Bat.) Herodot berichtet dann fernerhin, dass er solche Kadmeische Schriftzüge — Καδμήϊα γράμματα — in dem Tempel des Ismenischen Apollon zu Theben gesehen habe, eingegraben in Dreifüsse, den Jonischen Schriftzügen grossentheils gleich τά πολλά ὁμοῖα ἐόντα. Von den 3 Dreyfüssen, deren Inschriften er citirt, nennt er den ältesten als ein Weihgeschenk eines Amphitryon, aus der Zeit des Laios, Sohn des Labdakos. — Man hat neuerdings (s. O. Müller: Orchomenos und die Mynier p. 117—122) die Entstehung des griechischen Alphabets so mit den Pelasgern in Verbindung gebracht, dass diese, wenn auch nicht als Erfinder, doch als Träger desselben anzusehen wären. Dieser Zweifel hebt sich aber leicht aus Diodor III, 66. Dieser berichtet: Linos habe die von Kadmos aus Phönicien herübergebrachten Buchstaben der griechischen Sprache angepasst, jedem seine Benennung gegeben und den

Charakter bestimmt — τὰ καλούμενα γράμματα, πρῶτον εἰς τὴν Ἑλληνικὴν μεταθεῖναι διάλεκτον, καὶ τὰς προσηγορίας ἑκάστῳ τάξαι, καὶ τοὺς χαρακτῆρας διατυπῶσαι. Da nun diese Buchstaben zuerst aus Phönicien kamen, so wurden sie insgemein (κοινῇ) phönicische genannt, pelasgische aber insbesondere (ἰδίᾳ) weil die Pelasger diese umgewandelten Buchstaben zuerst gebrauchten.

Doch wenn wir auch gar keine bestimmte Nachrichten über den Ursprung des ältesten griechischen Alphabets besässen, so würde schon die einfachste Vergleichung des letztern mit dem phönicischen, in Bezug auf Form und Namen der Buchstaben, die Abstammung bezeichnen.

Deutliche Abweichungen des griechischen Alphabets von dem phönicischen fallen allerdings schon bei einiger Erwägung auf. Die Reihe und Ordnung der altsemitischen Buchstaben ist zwar im Ganzen beibehalten — und zwar weit genauer als bei der arabischen Cursivschrift Neskhi — doch bemerkt man leicht, wie manche Schriftzüge ausgefallen sind, wie andere zwar ihre Form beibehielten aber die Bedeutung gänzlich veränderten, und noch andrer endlich am Ende des Alphabets willkürlich angereiht wurden. Dieses liegt aber schon in dem verschiedenen Genius beider Sprachen, den wir näher zu beachten haben werden. Dazu kömmt die merkwürdige Selbstständigkeit in der Entwicklung des griechischen Volks, welches das fremdher Ueberkommene in sich zu verändern und sich anzueignen — zu assimiliren — verstand.

Hierüber wird nun von den Alten Verschiedentliches erzählt, ohne dass sich deren Berichte recht vereinigen liessen. Plin. VII, 56 sagt: Kadmos habe zuerst 16 Buchstaben nach Griechenland gebracht, und zwar: a, b, c, d, e, g, i, l, m, n, o, p, r, s, t, u. Diesen habe Palamedes — vgl. auch Servius zu Aen. II, 81 — zur Zeit des trojanischen Kriegs beigefügt: ϑ, ξ, φ, χ und endlich Simonides der Dichter — von Keos, st. 496 — die Buchstaben ξ, η, ψ. ω hinzugethan. Aristoteles berichtet aber, es wären anfänglich 18 alte Buchstaben gewesen: α, β, γ, δ, ε, ζ, ι, $\varkappa$, λ, μ, ν, o, π, ϱ, σ, τ, υ, φ, und Epicharmus habe ϑ und ξ hinzugefügt. — Auch schon mit geringer Aufmerksamkeit erkennt man das Unrichtige in diesen beiden sich widersprechenden Angaben. Zwar ist die Anahme: Kadmos habe 16 Buchstaben nach Griechenland gebracht, bei den Alten ziemlich allgemein, und man sucht dieses so zu erklären, dass es ursprünglich 16 Buchstaben gewesen wären, welche von dem semitischen Alphabete in das griechische übergegangen seien und dessen Grundstock gebildet hätten. Doch auch dieses lässt sich im Einzelnen nicht nachweisen. — Denn das eigentliche phönicische Alphabet bestand aus 19 Buchstaben, da im Vergleich mit dem hebräischen: ט und ס nur selten vorkommen,

Sin (ש), überhaupt eine spätere Willkürlichkeit — eigentlich ganz fehlt, und Waw, ו, im Phönicischen wenigstens nicht quiescirt.

Dagegen findet sich Υ (*v* oder *u*) sehr frühzeitig in dem griechischen Alphabet; ihm entspricht aber kein Schriftzung der Semiten vollständig.

Um kurz sein: es war in Griechenland ein sehr altes Alphabet im Gebrauch, phönicischen Ursprungs, genannt: γράμματα ἀρχαῖα, Καδμεῖα, auch Ἀττικά, da es frühzeitig von den Gephyräern (vgl. Herod. V. 57. 62.) nach Athen gebracht worden war. Später kam, besonders auf den Inseln und an den Küsten des ägäischen Meeres ein vermehrtes Alphabet von 24 Buchstaben in Uebung vom Simonides oder einem Andern herrührend, das jonische genannt. Da es nun auch zu Athen, wo so viele Jonier zusammenströmten, immer gebräuchlicher ward, und manches Missverhältniss aus der doppelten Schreibart entstehen mochte, so wurde unter dem Archonten Eukleides (403 v. Chr.), wo überhaupt der Versuch gemacht wurde, den zerrütteten Staat durch Neubegründung der zeitgemäss verbesserten, Solonischen Verfassung zu befestigen, auch der Beschluss gefasst: dass fortan Staatsschriften nur mit den Schriftzügen das jonischen Alphabets abgefasst werden sollten. So kamen die alten Buchstaben allmälig ganz aus dem Gebrauch.

Jene ältesten Inschriften in kadmeischen Zügen, welche Herodot sah, wie auch ähnliche, die von

Andern erwähnt werden, sind in den wilden Verwüstungen untergegangen, durch welche die Griechen ihr eigenes Land sich verdarben. Die noch vorhandenen reichen kaum über die funfzigste Olympiade hinauf. Die wenigen phönicischen dagegen, welche bis auf uns gekommen sind, gehören einer noch jüngeren Zeit an. Die älteste, so viel man bisher wusste, zeigt eine, auf den Seesieg der persischen Flotte bei Knidus, geprägte Münze; (394 v. Chr.) Eigentliche Marmora hat man nicht in Phönicien selbst, sondern in Cypern, Athen (3 incriptiones bilingues, nicht älter als Demostenes) Malta etc. aufgefunden.

Daher kömmt es, dass auf manchen Inschriften der Griechen die Schriftzüge alterthümlicher erscheinen, als auf den noch erhaltenen phönicischen.

Paläographisch wird eine fortgesetzte Vergleichung griechischer Inschriften — jetzt so sorgfältig beachtet und so gelehrt interpretirt, — die Uebergänge der Buchstabenformen nachweisen; chronologisch jedoch nur bis zu einem gewissen Grad, da Manche aus Liebhaberei oder anderm Grunde noch einzelne veraltete Schriftzüge zwischen und neben den neuer aufgekommenen gebrauchten. — Hier muss ich mich begnügen — und zwar um früher (§. 4) Vorgetragenes zu ergänzen und anschaulicher zu machen. — **Einzelnes** über jene Erscheinungen zu geben, welche sich bei der Uebertragung eines **semitischen** Alphabets in das Griechische, einer Sprache von ganz anderem Genius, darboten. Dieses kann um so kürzer geschehen, da es meist ganz bekannte Dinge berührt. Uebrigens gehen wir nicht von dem Phönicischen, sondern von dem verwandten, weit bekannteren Hebräischen aus.

Da wir im Nachfolgenden zur Vergleichung auch die alten lateinischen Schriftzüge zu erwähnen haben, so mögen einige vorläufige Bemerkungen gestattet sein. In den ersten Jahrhunderten der Stadt bedienten sich die Römer der etrurischen Schrift, welcher damals B, E und O fehlte. (Auch später gebrauchten sie diese und andere aus dem Griechischen aufgenommenen Charaktere gewöhnlich nur in den Fremd-Namen). Nach Taciti Ann. XI. 24 erhielten die Etrusker ihre Schrift durch den Corinthier Demaratus. Warum nicht durch eine lydische (Priester-) Colonie im alten Umbrien, Herod. I. 94, obgleich der alterthumskundige Xanthus bei Dionysius Halic. I. derselben nicht erwähnt. Um die 40ste Olympiade kam das Alphabet der Griechen nach den Pflanzstädten derselben in Unteritalien, und von diesen erhielten es die Römer. Das älteste Lateinalphabet bestand nach Marius Victorinus (bei Putsch p. 2459 u. 2468), einem Rhetor um 354 n. Chr., aus 16 Buchstaben, unter diesen C und K. — Doch wie das sich auch verhalten mag, gewiss waren die ältesten griechischen Buchstaben den lateinischen gleich; (Plin. VII, 58). Die Aussprache der Römer war aber weit härter, als die der Griechen. Dieses zeigt sich zumal bei dem Gamma. Dieses hatte den Charakter C, d. i. die lit. inversa des phönicischen Ɔ, sonst auch < oder ⌐. Dieses sprach der Lateiner so hart aus, wie das Kappa, was denn später auch grösstentheils ausgeschieden wurde. Dass man C vor e, i, ae, oe als einen Zischlaut gebrauchte, kam erst lange nach Augustus auf, als überhaupt Volk und Sprache der Römer durch das Eindringen fremder Elemente (freigelassener Sclaven von allerlei Abkunft) zerrüttet war. Quintilianus sagt noch: „cum sit C litera, quae ad omnes vocales vim suam perferat." Nach dem zweiten punischen Kriege fand man für nothwendig, den härtern und weichern Laut zu unterscheiden und den letztern durch einen diakritischen Beistrich als G zu bezeichnen.

Auf der Columna Duill. findet sich noch: „macistratos lecionumque duceis" und „sumas copias Cartaciniensis" (k kömmt hier nicht mehr vor). In den Inschriften aber des Grabmals der Scipionen: „gnaivod patre prognatus."

Dass im Ganzen das griechische Alphabet die Buchstaben-Ordnung des semitischen, d. h. hier des phönicisch-hebräischen beibehält, ist schon erwähnt. Fällt in dem ersteren auch ein Schriftzug des letztern aus, so tritt doch sogleich darauf die urzprüngliche Reihenfolge wieder ein. Daraus lässt sich schon Mancherlei schliessen. Nur müssen wir bemerken, dass die Buchstaben hier allein und an und für sich als Bezeichnung gewisser Laute zu fassen sind, dass wir aber die durch den Wohllaut — nach dem besondern Genius einer Sprache — bedingten Lautwandlungen, wie sie bei der Wortbildung vorkommen, unberücksichtigt lassen müssen.

Vergleicht man nun zuerst die Consonanten mit einander, so gewahrt man unter einem Theile derselben eine ziemliche Uebereinstimmung, wenn auch in dem bezeichneten Ton selbst eine nationale Verschiedenheit sein mag.

Zuerst die liquidae: ל, מ, נ, ר = λ, μ, ν, ϱ.

Hier ist wenig Unterschied. Das Resch ward mit einem starken Kehlhauch ausgesprochen, so dass es in einen Guttural überging; wahrscheinlich auch früher das $P\tilde{\omega}$; daher mit dem spiritus asper bezeichnet. — Wesentliche Abzweichungen zeigen schon die mutae, und zwar die tenues: כ, $\varkappa$; ת, τ; ס, die mediae: ג, γ; ד, δ; ב, β; die aspiratae ק; ט, ϑ. — Die mediae wurden im Hebräischen mit immer sehr reicher Aspiration ausgesprochen, die sich nur bei der Verdopplung verlor (durch das Dagesch). Auch im Griechischen muss dieses der Fall gewesen sein, so dass β oder γ selbst als eine Art von Aspiration gelten konnte, (daher dialektisch: $\beta\varrho\acute{o}\delta o\nu$ statt $\dot{\varrho}\acute{o}\delta o\nu$, $\gamma\delta o\tilde{v}\pi o\varsigma$ statt $\delta o\tilde{v}\pi o\varsigma$). — ס (nach Ewald eine tenuis) ist unsicher in der Aussprache. Denn die alten Hebräer kannten wohl den Laut p (π) eben so wenig, wie ihn die

Syrer und Araber haben. (So wäre auch die Regel der jüdischen Grammatiker, dass פ mit Dagesch lene als p zu sprechen sei, ungenau). Uebrigens haben die Griechen den Buchstaben, seiner Stellung nach, als p angenommen. — Aehnlich ist es auch mit ב und ת. Das erstere ist so weich, dass es öfters mit ג oder ת verwechselt wird; dieses lispelnd gesprochen glich mehr dem neugriechischen thita, oder dem englischen th. Auch in dem älteren Griechischen scheint der Laut, den man später als verdichtete tenuis, durch Τ bezeichnete, unbestimmter gewesen zu sein. Daher dialektisch: *τύ, τοί, φατί* für *σύ, σοί, φησί; πράς-σω* und *πράττω*. Auch Θ (entsprechend der Stelle nach der starkgehauchten aspirata ט) muss einen sanften Zischlaut bei sich geführt haben, sonst könten die Lakonier kaum *σεῖος* für *θεῖος* gesprochen haben. — Der rauhe, tief aus der Kehle gestossene Ton des Koph ק, war der griechischen Sprache fremd. Nur auf einigen Münzen aus Kroton und Syracus findet er sich noch unter dem Zeichen Ϙ, und geht von da in das lateinische Alphabet über als q (siehe unten), d. h. als litera inversa des althebräischen ק). Bei den andern Griechen blieb es nur noch als Zahlzeichen für 90 an seiner Stelle, (*τὸ ἐπισημον Κόππα*). — So fehlten den Griechen die Zeichen für zwei Laute ihrer Sprache, nämlich für die aspiratae von Κ und Π. Schrieb man auch eine zeitlang den Hauch durch eine litera aspirans ergänzend und andeutend, *Π H* für das spätere *Φ* und *K H* für das spätere *X* (oder *V/*), so kommen doch diese spätern Zeichen schon in einer Inschrift aus der Olymp. 93. vor; (vgl. Böckh's Staatshaushaltung der Athener, II, tab. I), auch in der Delischen und Sigeischen Inschrift, (vgl. Montf. palaeogr. p. 134.) Nur darf man *Φ* nicht mit dem Bau, oder **F**, der Inschriften verwechseln; (s. unten).

Die literae sibilantes — Zischlaute — beider Sprachen vergleichen sich schwer, und desshalb ist auch die Verschiedenheit der Ansichten über dieselben gross. Das hebräische Alphabet zeigt vier einfache Zischlaute, die von dem schwächeren Laut zu dem schärfern fortschreiten, sichtbar aber unter sich Uebergänge haben, wodurch eine gewisse Unsicherheit der Schreibweise entsteht. Das spätere griechische Alphabet hat nur zwei einfache sibilantes, obgleich es nach Olympiade 93 noch zwei zusammengesetzte — ξ und ψ — annimmt. Daher die Schwierigkeit genauerer Bestimmungen.

Das griechische $Z\tilde{\eta}\tau\alpha$ befindet sich genau an der Stelle des phönicisch.-hebräischen Sájin (nach Wegfallung des Waw oder Bau), als Zahlzeichen sieben. Der Ton des Sajin, entsprechend dem arabischen Dsal (ذال) oder ذ, scheint aus Daleth und Samech zusammengesetzt zu sein, gleich dem „lieblichen" Zeta der Griechen, aus $\delta\sigma$ oder $\sigma\delta$ (dorisch $\Sigma\delta\varepsilon\acute{v}\varsigma$ statt $Z\varepsilon\acute{v}\varsigma$, $\prime A\vartheta\acute{\eta}\nu\alpha\zeta\varepsilon$ aus $\prime A\vartheta\acute{\eta}\nu\alpha\sigma\delta\varepsilon$ entstanden; so dass der Ton beider Buchstaben etwa dem italischen g von e und i gleicht. (Vgl. Quintilian XII, 10, 27.) Der Ton des ζ war so weich, dass es zuweilen den schärfern Spiritus ersetzt: ζάημι statt ἄημι, oder in das einfache δ übergeht: bei Homer ἀρίδηλος atatt ἀρίζηλος; daraus, wie aus der Analogie mit dem Arabischen, schliesst man dass die Jonier wenigstens ζ wie δσ sprachen. Die Septuaginta drückt Sajin durch Zeta aus: für עַזָּה = Γάζα. Was nun die Figur des Buchstabens betrifft, so weicht die gewöhnliche Form I oder J oder ⟩ allerdings von der griechischen sehr ab, jedoch Z kömmt schon in phönicisch-cilicischen Inschriften vor, wie ⟩ in etrurischen. Die Römer, welche überhaupt die Laute häufig verschärfen, bezeichnen in Wörtern aus dem Griechischen das ζ durch das dopqelte S, seit Augustus erst durch Z. — Bei Böckh. tab. II kömmt ς in der Form I vor. — Uebrigens ist der Gebrauch des Zeta überhaupt selten genug.

Das hebräische Zade (oder Tsade) צ hat insgemein den härtesten Ton, entsprechend dem ts oder dem arabischen Tsad, ص. Eine Vergleichung mit dem Arabischen zeigt aber, dass in dem Ton häufig Erweichungen vorkommen. Denn sonst gleiche hebräische Wörter mit Zade haben ganz verschiedene Bedeutung, je nachdem sie im Arabischen durch Tsad, Dhad oder Tha, d. h. nach den verschiedenen Abstufungen, gegeben werden. Daher kömmt es, dass die LXX dieses Zade durch Σ auszudrücken suchen: צִידוֹן = $\Sigma\iota\delta\omega\nu$, צוֹבָא (s. 1. Sam. 14, 47) = $\Sigma ov\beta\alpha$. Den Griechen war überhaupt dieser Ton fremd und sie warfen den Buchstaben weg.

Der Unterschied der beiden phönicisch - hebräischen Zischlaute Samech und Schin (ס und שׁ) war sicherlich sehr gering. Nach Ewald soll das erstere mehr dem einfachen, weichen s, das andere mehr dem stärker zischenden Sch geglichen haben. Doch wurde der letztere Laut nicht immer festgehalten, so dast die Juden nach dem Exil dieses durch ein besonderes Lautzeichen (Sin, שׂ) andeuten zu müssen glaubten. Gesenius hält daher den Unterschied zwischen ס und שׂ mehr für orthographisch, da sich eine ziemliche Zahl von Wörtern findet, in welchen man promiscue bald den einen bald den andern dieser Buchstaben gebraucht. Uebrigens haben die Araber nicht das Samech und die Syrer nicht das Schin, sondern gebrauchen nur einen dieser Buchstaben.

Um so weniger darf man erwarten, dass die Griechen diesen Unterschied wahrnahmen. Sie warfen daher bald beide Lautzeichen zusammen, und machten ein einziges daraus, welches sie an die Stelle des Schin setzten, d. h. im Alphabet nach dem Resch oder $\dot{\rho}\tilde{\omega}$. Dieses selbe Zeichen nannten die Jonier Sigma, die Dorier aber San, wie Herodot I, 139 deutlich genug sagt: „$\tau\varepsilon\lambda\varepsilon v\tau\tilde{\omega}\sigma\iota\ \pi\alpha\nu\tau\alpha\ \dot{\varepsilon}\varsigma\ \tau\dot{\omega}v\tau\dot{o}$ $\gamma\rho\alpha\mu\mu\alpha$, $\tau\dot{o}\ \varDelta\omega\rho\iota\acute{\varepsilon}\varsigma\ \mu\grave{\varepsilon}v\ \Sigma\grave{\alpha}v\ \varkappa\alpha\lambda\acute{\varepsilon}ov\sigma\iota$, $"I\omega v\varepsilon\varsigma\ \delta\grave{\varepsilon}$

Σίγμα." — Beide Namen lassen sich von Samech, סָמֶךְ, ableiten; der dorische durch Abkürzung (vgl. auch Aristoph Νεφ. 123), der jonische von der Form Simcha סמכא, durch Umstellung: Sigma. — Die Gestalt des Lautzeichens war nach Agathias bei Athenaeus X. einem scythischen Bogen ähnlich, d. h. dem Schin in der zweiten phönicischen Form: ⨆, die abgekürzt W, davon griechisch Μ, oder wie noch bei Böckh. tab. I. ⌒. Dann kam die Gestalt eines nach rechts offnen Halbkreises auf C, den man mit einem Halbmond verglich: τὸ καλὸν οὐρανοῦ νέον σίγμα. — Erst nach Eukleides kam der Buchstabe ξῦ in den Gebrauch, dem man die eigentliche Stelle des vergessnen Samech, d. h. nach dem N anwies. Da es auch an einem Zahlzeichen für 900 ermangelte, so nahm man dafür die Form ⊐, welche einigermassen Aehnlichkeit hat mit einem phönicisch-aramäischen Schin, (d. h. ע), und setzte es unter dem, aus der Erinnerung genommenen Namen Σαμπῖ, unter das, sehr spät entstandene Ω. Dieses scheint die einfache Erklärung einer sonst ziemlich verwickelten Darstellung. (S. Anmerk. 36).

Anmerk. 36. Böckh (II. p. 386) ist hier anderer Meinung. Das Sain ist ihm = Xi; Tsade = Zeta; Samech = Sigma. Sin oder Schin der rohe im dorisch-äolischen Dialekt übrig gebliebene Zischlaut, San genannt. — So gelehrt dieses auch durchgeführt wird, so muss ich mich doch bescheiden, bei meiner Ansicht zu bleiben.

Das ξῦ erscheint in der spätern Wortbildung und Wortbeugung der Griechen durchaus als eine vollständige Verbindung eines Gaumlaut (κ, γ, χ) mit σ. (Zu bemerken, dass bei den Attikern σ in ξ übergeht, ξύν für σύν, während ξ bei den Doriern sich zuweilen in σκ auflöst, σκίφος für ξίφος, durch Umstellung? siehe oben). Im altattischen Alphabet erscheint dafür ΧΣ, so Böck tab. ΧΣΥΝ für ξυν, ΠΡΟΧΣΕΝΟΣ für πρόξενος. — Die Minuskel ξ entspräche noch einigermassen dem phönicischen Lautzeichen für Samech: ⌐, in den ältesten griechischen Inschriften verkürzt in ⌐; die Majuskel Ξ früher ⌶ geschrieben) weiss ich nicht zu erklären. — Auf ähnliche Weise schrieb man im attischen Alphabet: φσ (ΦΣ bei Böckh. tab. I.) anstatt des mit dem jonischen Alphabet von Samos herübergekommenen ψ, einem willkürlichen Zeichen für die Verbindung von π, β, oder φ mit σ dem man die Stelle nach dem Χ anwies. (Zu bemerken ist noch, dass die 3 obsoleten Buchstaben Bau Koppa und Sampi schwerlich vor dem Kaiser Claudius als Zahlzeichen gebraucht wurden und dass das letzte nur in Handschriften gefunden wird. Früher hatte man ein ganz anderes Ziffern-System).

Das phönicisch-hebräische Alphabet zeigt vier Buchstaben, welche insgemein gutturales genannt werden, — weil sie, wenigstens einer oder zwei derselben, mit einem tiefen Kehhauch gesprochen wurden, die man aber füglicher literae aspirantes, Hauchbuchstaben heissen könnte, denn sie bezeichnend unmittelbar den Hauch א (griechisch Alpha genannt von der femininen Form אָלֶף) bezeichnet den weichsten, in a inclinirenden Hauch, fest und hörbar am Anfange des Worts, etwas stärker in dessen Mitte. — ה, He, das ist der einfache Laut H, entsprechend dem spiritus lenis der Griechen. Die Gestalt erscheint schon, so weit bekannt, phönicisch: ⊒,)-(, H, ⊐, etrusc. ⊒, ⊐, aramäisch ⊓. — ח, Chet d. i. hh oder kh, (die Araber unterscheiden daher wiederum: ح Hha, und خ Cha). Schon die phönicische Form — was wohl zu beachten, ist abweichend: ⊘, |-|, ח, aramäisch H, palmyr.)^(. (Die LXX drücken daher den Buchstaben zuweilen durch X aus, ein andermal lassen sie ihn weg: חֶלְבּוֹן = Χαλυβών, jetzt Aleppo). Der vierte aspirans, ע, Ajin, ist ein tiefer Kehlhauch, bald schwächer, bald stäarker g oder gh. In der spätern Sprache erweicht er sich bedeutend; (עַזָּה = Γάζα).

Den ältern Griechen waren diese feinen Unterscheidungen der Hauche durchaus fremd. Das altattische Alphabet kannte nur ein einziges Lautzeichen dieser Art, das H. Dieses setzen sie in den Inschriften — die sanfte Hauch-Bezeichnung (spiritus lenis) gänzlich unterlassend — sowohl an die Spitze der mit einem starkgehauchten Vocal beginnenden Worte (*HALAIEYΣ* statt ‛Ἁλαιεῖς), als nach einer tenuis

um deren Aspiration zu bezeichnen, (*KHPONOΣ* für
χρόνος). Als nun nach Eukleides das Zeichen H für η
gesetzt ward, kam es für den spiritus asper ausser
Gebrauch und derselbe wurde weggelassen; (vgl z. B.
den Marmor Sandwicense, Böckh tab. III, 7. a. um
die Olymp. 100.); bis der Grammatiker Aristophanes,
dem man auch die Erfindung der Interpunktionszeichen
zuschreibt, im 3ten Jahrh. vor Chr. das Aspirationszeichen wieder herstellte. Derselbe nahm die schon
erwähnte Form für ┍, nämlich H, indem er die
erste Hälfte, ┠ für den spiritus asper, die zweite für
den lenis anwendete. Doch findet sich ersteres Zeichen
auf Denkmalen nur selten, dieses niemals. Erst die
Handschriften des 6ten und 7ten Jahrhunderts haben
jene Aspirationszeichen regelmässiger; (später in der
Gestalt von [und], später als (und). Von einer
seltnern Aspiration der Griechen, dem Bau, werden
wir sogleich zu sprechen haben.

Wenn man das Vocalsystem der Semiten mit
dem der Griechen vergleicht, so ergiebt sich bald
eine solche Verschiedenheit, dass die Verwendung
jenes übertragenen Alphabets für die Sprache der
letztern kaum recht thunlich erscheint. Sei es gestattet, diese Verschiedenheit wenigstens anzudeuten.

Niemals fängt im Hebräischen eine Sylbe mit
einem Vocal an: niemals dürfen zwei Vocale zusammentreffen. Das Wort stützt sich so ganz und gar
auf die Mitlauter, dass in allen dreiconsonantigen

Sprachwurzeln die Vocale meist nach derselben einfachen und klaren Regel gesetzt und gesprochen wurden, um die verschiedenen Beziehungen anzudeuten, deren ein Wort im Satze fähig ist; (d. h. als nomen, verbum etc.). Schrieb daher der Semite diese 3 Consonanten, so ergaben sich für den Leser die Vocale aus der Satzverbindung und dem natürlichen Zusammenhang von selbst. Uebrigens wurden diese Vocale nur flüchtig und so unbestimmt gesprochen, dass man nur 3 Hauptlaute einigermassen unterschied, nämlich: 1) a —; 2) e und i; — 3) o und u; indem man die den Hauptvocalen untergeordneten Nebenvocale nicht im Laut zu trennen und hervorzuheben wusste. (So kennt noch jetzt das Nischi, die arabische Currentschrift, nur 3 Vocalzeichen: ‎َ für a, ae, e; ‎ِ für i und e; ‎ُ für o und u).

Im Phönicischen und Althebräischen hatte man gar keine eigentlichen Vocalzeichen. Jedoch konnten sie drei Hülfsconsonanten (gewissermassen semivocales) wegen deren besondern Verwandtschaft mit jenen oben bezeichneten Hauptvocalen benutzen, um das Vorhandensein derselben anzudeuten. Diese waren א, Aleph — von dessen Eigenschaft als litera aspirans schon gesprochen wurde — für a und ae, ו, Waw für o und u, י, Jod, für e und i. — Jedoch wurden die genannten semivocales nur dann geschrieben, wenn die ihnen verwandten Vocale als gedehnt bezeichnet werden sollten, und zwar auch da nicht regelmässig. Alles übrige, die feinern Nüancirungen der Töne, die kurzen, vocalischen Beilaute, selbst die Bestimmung, ob die semivocalis reiner Consonant oder blos Andeutung eines Vokals sei, musste die Sprachkenntniss ergecen.

Mit dem Fortgange der Zeit bestrebt sich eine Sprache schon an und für sich deutlicher zu werden, und durch die Hülfe der Schrift sich zu befestigen. Zudem mussten die Juden, unter Völker verwandter Zunge gemischt, besonders darauf bedacht sein, sich die richtige Aussprache ihres Idioms zu erhalten. Die ersten, eigentlichen Vocalzeichen entstanden wohl unter den Maccabäern, und zwar für die Schulen zu richtiger Bezeichnung von besonders schwer auszusprechenden Worte. Daraus entwickelte sich nach und nach (vom 4ten bis 8ten Jahrhundert n. Chr.) das sogenannte Punktationssystem, d. h. die nähere Bestimmung des ganzen Textes der heiligen Schriften durch 10 Vocalzeichen, und zwar 5 für die gewöhnlichen langen Vocale und eben so viele für die entsprechenden kurzen. Mag nun auch durch die Kritelei der gelehrten Rabiner hier Manches willkürlich festgesetzt sein, so ist doch im Ganzen die Lesart für immer geordnet; (s. Anmerk. 37).

Anmerk. 37. Eben so ist in der äthiopischen Schrift, wohl durch den Einfluss des griechischen Bibeltextes, die Bezeichnung der den Consonanten beilautenden Vocale ent-

In der griechischen Sprache gewahrt man dagegen früh das Bestreben nach einer genauern Bestimmung der klaren und bestimmten Hauptvocale, obgleich dieses die Existenz der beiklingenden, unbestimmten Halbvocale (s. unten) nicht ausschliesst. Man wende nicht ein, dass in den verschiedenen Dialekten der Griechen die mannichfaltigsten Uebergänge der Vocale ineinander sich zeigen; (α z. B. kann sich dialektisch wandeln in ε, η, o und ω etc.) Das ist aber eben eine rein **dialektische** Verschiedenheit der Aussprache und beweisst weder eine Verwandtschaft der genannten Vocale, noch eine Unbestimmtheit der Aussprache derselben wie bei den Semiten. Denn bei Inschriften derselben Mundart bleiben sich die Vocale in demselben Worte stets gleich.

Um ihre Vocale darzustellen bedienten sich die Griechen zunächst der phönicischen Lautzeichen für die ihnen entbehrlichen Aspirantes. Das Aleph — wahrscheinlich der phönicische Charakter ✶ — wurde das einfache A: Jod — phönicisch ⌐⌐, allein aramäisch ⌐, etruscisch: Y, 1 — wurde gleich I, d. h. das ℑ in seiner vocalischen Bedeutung; (nur bei den

---

standen. Das einfache Bet, z. B. d. h. ∩ wird mit ă zusammengesetzt gedacht, dann ∩̇ = Bu, ∩̣ = Bi, ∩ = Bā, ∩̤ = Bē, ∩̀ — Bĕ, ∩ = Bo. — Man ersieht, wie das Streben nach Sicherstellung der Schreib- und Sprachweise sich überall hervorthat.

Dichtern findet es sich auch in der zweiten, der consonantischen Eigenschaft, wo es sich mit dem nachfolgenden Vocal zu einem Ganzen verbindet, z. B. Odyss. XIV, v. 263, αἶψα μάλ᾽ Αἰγυπτίων ἀνδρῶν περικαλέας ἀγρούς — vgl. auch Od. IV, 127; VIII, 560). — Das Ajin, in der reinphönicischen Form: O (in hispanischen Inschriften ⊙), nahmen die Griechen für ihr O. (Vielleicht weil es bei den Phöniciern in O inclinirt; daher auch die LXX den Namen: נַעֲמָה durch Νοεμά ausdrücken). In den Inschriften wird dieses O ohne Unterschied für den kurzen und langen Vocal gebraucht; später machte man das lange O grösser als das kurze; daher der Ausdruck ὁ μέγα und ὁ μικρόν. (Zuweilen schrieb man jenes auch Oo daher die Minuskel: ω). Darnach unterschied man das lange O durch 2 unten angefügte Querstriche: Ω. — Da es für den Vocal ε ganz an einem entsprechenden Zeichen mangelte, so wählten die Griechen — während die eine phönicische Form des He, nämlich das H als Hauptbuchstabe im Gebrauche fortbestand, eine zweite Form desselben He, nämlich: das phönicische ⊐ oder ⊋ (etrurisch: ⊐, ⊋) als litera inversa, für den Charakter des E. — In dem altattischen Alphabet gebrauchte man diesen Buchstaben E ohne Unterschied für das kurze, rapide ε und für das gedehntere, später das ēta. — Dieses ēta konnte nur dialektisch jemals für i gesprochen worden sein, wie auch ε und ι verwechselt wurde (ἰστίη, jonisch für das attische ἑστία). S. Anmerk. 38. Es war das gedehnte oder doppelte ε, wie aus δέελος statt δῆλος, Il. X, 466 zu ersehen. Eben Dieses lässt auch der älteste Charakter ⅎ-Ɛ wahrnehmen. Wie aber in Athen das jonische (samische) Alphabet in den Staatsgebrauch kam, und man mit ihm das ēta und o mega aufnahm, fing auch das Hauchzeichen an wegzufallen, (die Inschriften zeigen alsdann anstatt *HOIΣ* nur *OIΣ* für οἷς) und man verwendete das frühere Hauchzeichen H jetzt für ēta. Bei der Minuskel η liegt wohl der phönicische Charakter h für Chet zu Grunde, daher die Ansicht, dass ēta aus jener phönicischen aspirans entstanden sei. (Zu bemerken ist noch, dass die ältern Griechen das E, εἶ zu nennen pflegten, O aber οὖ).

Ob die ältern Griechen überhaupt nur den gedehnten tiefen Laut ū hatten, ist sehr zweifelhaft. In den altatischen Inschriften liest man fast durchgängig: O für das spätere ου; also *BOΛEΣ* für βουλῆς, *TO ΔEMO* für τοῦ δήμου. Nach einer Bemerkung Böckhs II. p. 201, p. 328 wurde zwar in οὗτος und οὐκ, wie auch in einigen Eigennamen wirklich ου und nicht ο geschrieben. Es ist aber noch eine Frage, ob wir hier das tiefe römische oder

---

Anmerk. 38. Als Beweis pflegt man Kratinos bei Eustathius ad Il. p. 1712 zu citiren: ὁ δ' ἠλίθιος ὥσπερ πρόβατον βῆ βῆ λέγων βαδίζει. Man könnte auch das phonetische Wort μηκάς, meckernd, (μηκάδας αἶγας, Od. IX. 124) erwähnen.

deutsche ū haben, (s. Quintiliani orator. inst. lib. XII, Cap. X), oder einen Mischlaut, d. h. ein O mit einem antönenden *v*. Auch kommt keineswegs bald nach Eukleides etwa die Schreibart OY auf, denn noch um die Olymp. 98. schrieb man ΤΗΣ ΘΕΟ für τῆς θεοῦ; s. Böcks. tab. IV. XIII). — Der Buchstabe Γ war wenigstens schon vor Eukleides in das altattische Alphabet gekommen. Durch diesen werden wir noch einmal zu den aspirantes zurückgeführt.

Die sechste Stelle des altsemitischen Alphabets nimmt das Waw ein. Dieser Buchstabe, eine semivocalis wie Aleph und Jod, bezeichnete als Consonant einen mehr oder minder starken, gleichsam wehenden Hauch. Zugleich aber verwandt mit den beiden Vocallauten *o* und *u* deutete es häufig (nicht immer) das Vorhandensein derselben an und floss, wenn diese wirklich nachfolgten, mit ihnen zusammen (ruhete oder „quiescirte" in denselben). — Nun bemerkte man bei Homer, Hesiod und andern Dichtern, dass bei dem Zusammentreffen gewisser Wörter kein hiatus entstehe, dass nämlich weder der lange Endvocal des ersten Worts vor dem Anfangsvocal des nächstfolgenden, wie es sonst Gebrauch, sich verkürze, noch der kurze Endvocal des erstern im gleichen Falle elidirt werde. Daraus schloss man, dass vor dem Anfangsvocal des zweiten Wortes ein starker Hauchbuchstabe gesprochen, wenn auch nicht geschrieben, wurde. Dionysius Halicarn. in den Antiq.

Rom. I. erklärt dieses genauer: "σύνηθες ἦν τοῖς ἀρχαίοις Ἕλλησιν ὡς τὰ πολλὰ προτιθέναι τῶν ὀνομάτων, ὁπόσων αἱ ἀρχαὶ ἀπὸ φωνηέντων ἐγίνοντο, τὴν οὐ συλλαβὴν ἑνὶ στοιχείῳ γραφομένην. τοῦτο δ' ἦν ὥσπερ γάμμα διτταῖς ἐπὶ μίαν ὀρθὴν ἐπιζευγνύμενον ταῖς πλαγίαις, ὡς Ϝελένη, καὶ Ϝάναξ καὶ Ϝοῖκος καὶ Ϝάνὴρ καὶ πολλὰ τοιαῦτα." Dass dieser Buchstabe Ϝ wirklich geschrieben wurde, wird durch die Inschriften bestätigt. (Vgl. die Orchomenische Inschrift bei Böckh II, p. XX tab. IX, und dessen Excursus p. 385 — p. 393). — Das ist nun das Digamma Aeolicum der Grammatiker (s. Anmerk. 39). Man muss aber beachten, dass man insgemein mit dem Ausdruck „äolischer Dialekt" nichts Anderes bezeichnet, als die alte, fast allgemeine Sprachweise, die in West-Griechenland noch lange üblich blieb, während an den Küsten, auf den Inseln, im Peloponnes sich einzelne Dialekte ausschieden.

Man darf also wohl mit Recht behaupten, dass dieses Digamma beiweitem von dem grössern Theile der Hellenen bis auf die Zeiten Alexanders gesprochen wurde.

Anmerk. 39. Der Name Digamma, wie ihn Dionysius erklärt, ist wohl nichts Anderes als ein grammatischer Missverstand. Das phönicische Lautzeichen für Waw ist ٦, ٦, dem griech. Gamma ähnlich —, etrurisch (nach Gesenius) =|, ٦, ב; althebräisch, auf den Münzen der Maccabäer: ↑, d. h. ein ٦ mit Querstrich. (Aus diesem entsprang das spätere Ϝ

Wo das Digamma geschrieben wird, findet es sich theils vor dem Anfangsvocal gewisser Wörter und zwar ohne Unterschied ob diese im jonisch-attischen Dialekte mit dem spiritus asper oder lenis bezeichnet wurden — theils auch vor dem ʿΡῶ, theils in der Mitte der Wörter, um die Trennung zweier Vocale zu bezeichnen. (Man schrieb also: Fάναξ, Fέϑεν statt ἄναξ und ἔϑεν, Fρῆξις statt ῥῆξις, ΔΙFΙ statt Διί, (Inschrift bei Olympia gef. Böckh. II. p. 393), ΑFΥΤΟ statt αὐτοῦ (delische Inschrift etc.) Siehe Anmerk. 40.

Als aber das Digamma gänzlich ausser Gebrauch gekommen war, so wendete man es noch unter dem Namen Bau ἐπίσημον als Zahlzeichen an jedoch an seiner alten, d. h. der sechsten Stelle. (Das gewöhnliche Zeichen ϛ, dafür ist der alte Charakter für Waw: ϲ mit einem kleinen Unterscheidungsstrich).

Das ächte Diagamma so lange es vorkommt, erscheint stets in der Eigenschaft eines Consonanten. Uebrigens quiescirte auch das Waw bei den Phöniciern nur sehr selten, oder gar nicht, aber wohl bei den Hebräern.

---

der Abendländer; Meroving. Schrift: *f*, angelsächsisch: *ϝ* ostfränkisch um 1300: *f*. Das Zeichen für das sogenannte Digamma: F oder ϲ, ist also nichts, als einer der Charaktere des semitischen Waw's.

Anmerk. 40. Da man nun altgriechisch, auch οFις, ναFος, αιFων anstatt: οἶς, ναῦς, αἰών sprach, so erklärt sich die

Während nun die Aeolier fortfuhren, das von andern Dialekten verworfene Digamma zu schreiben, kam der viel weichere Buchstabe ὐ ψιλόν auf, der geeignet schien, das semitische Waw in seiner doppelten Eigenschaft als semivocales, zu ersetzen. (Auch dem Charakter, Υ, nach, erinnert er an ein doppeltes Waw, ן.) Dieser Buchstabe ist nun einerseits ein Vocal und kann eine vollständige Sylbe bilden, ὖ —ω.

Obgleich in der Bezeichnung kurz (ψιλόν) genannt, ist er in manchen Wörtern der spätern Sprache, ganz unähnlich dem immer kurzen ἒ ψιλόν, als lang gebraucht — κῦμα. (Die Aeolier sprachen, nach Priscian, das υ wie ein kurzes u aus; jedoch erhielt es niemals bei den Griechen den Ton des tiefen römischen ū; vgl. Quintil. XII. 10. über den lieblichen Ton des υ bei den Griechen.) An der Spitze eines Wortes erhält es bei den Attikern stets den spiritus asper, bei den Aeoliern den lenis. Als Consonant wird der Buchstabe zwischen 2 Vocale dialektisch eingeschoben, um ihre Trennung gleich wie durch das Digamma, zu bezeichnen. Daher die Formen: ναυός, ἀυήρ äolisch statt ναός, ἀήρ. Tritt υ an α, ε, o so entsteht vor einem darauffolgenden Con-

---

Uebereinstimmung dieser und anderer Wörter mit lateinischen sprachverwandten: ovis, navis, aevum von selbst. Eben so ὠόν = ovum.

sonanten schwerlich ein Diphthong, sondern es bleibt ein rapider, beiklingender Vokal, (s. unten.) Folgt aber ein Vocal, so ersetzt v das Digamma und macht Position: *Εὔανδρος, Ἐυηνός, Ἀγαύη* = Evander, Evenus Agāve. — Nur *ου* machte eine Ausnahme, denn es wurde frühzeitig benützt, um eine Dehnung des v anzudeuten; (daher äolisch *κοῦμα* statt *κῶμα*; eben so altlatein. plous statt plus) — daher sprechen die Neugriechen zwar af und ef (d. h. a mit Digamma etc.) statt *αυ* und *ευ*, allein *ου* = u. — Dass dialektisch für das consonantische v auch $β$ oder $γ$ gesetzt wird, indem diese Buchstaben zuweilen wie aspirantes vor den Anfangsconsonanten treten (*βρόδον* statt *ῥόδον*) ergiebt sich aus früher Vorgetragenem.

Gar Manches wird über die aspirantes der Griechen deutlicher, wenn wir die entsprechenden Buchstaben des lateinischen Alphabets zur Vergleichung beiziehen. — Der Lateiner behielt H ganz in der Eigenschaft eines Hauptbuchstaben, wie er im altattischen Alphabet erscheint, ohne dass er die volle Eigenschaft eines Consonanten erhielt. Denn er macht weder eine Position, noch trennt er 2 Vokale wesentlich, obgleich er sich in G, — nach dessen aspirirender Eigenschaft — verhärten kann. — Das Digamma blieb, auch seinem Zeichen F nach. Dieses war ein rauher Ton. („Nam illa quae sexta est nostrarum paene non humana voce, vel ominno non voce potius inter discrimina dentium efflanda est." Quintil. de inst. orat. XII, 10), sehr ungleich dem weichen, fast mit geschlossnen Lippen gesprochenem φ der Griechen. Nur nothgedrungen benutzten diese den Buchstaben, um mit ihm den rauhen Laut des lateinischen F zu bezeichnen. —

Interessanter ist die Beachtung des lateinischen V (s. Anmerk. 41), an der Stelle (nach dem T) und in der Bedeutung des griechischen ϒ, allein noch deutlicher als dieses gleich dem semitischen Waw; ähnlich dem englischen W, (s. Anmerk. 42).

Der Υ gebrauchten die Lateiner nur in griechischen Wörtern und zwar erst dann, als sie anfingen, sich nach griechischen Studien zu bilden.

Der lateinische V, das Bau der Griechen, ist Consonant und Vocal zugleich. (Man schrieb IVVATE anstatt juvate, Lied der Arvalischen Brüder um 218 v. Chr.) Nur ganz missbräuchlich hat man jetzt zwei

---

Anmerk. 41. Das Zeichen V könnte aus Υ entstanden sein. Nach einer scharfsinnigen antiquarischen Bemerkung rührt es von einem weit älteren etrurischen Zahlzeichen her. Hier ward | die gerade Linie = i, V, der spitzige Winkel = 5, X der Verticalwinkel = 10, L, der rechte Winkel = 50; C, die gekrümmte Linie = 100, ☐ oder O, das Quadrat oder der Kreis = 1000, D der halbe Kreis = 500 gesetzt.

Anmerk. 42. „W consonant is formed by placing the organs in the position of oo, — and closing the lips a little more, in order to propel the breath upon the succeeding vowel with is articulates" J. Walker. — Das ist für die Aussprache, d. h. w wird wie ein weicher Hauch mit dem Vorschlag eines kurzen u; d. h. wine, vinum = ŭwein gesprochen, aber vin, vitis = wein. — Daher drücken hie Griechen den lat. Namen Calvinus entsprechend durch Καλουῖνος aus.

Charaktere für das V in seiner zweierlei Bedeutung, und nur des deutlicheren Unterschied wegen schreiben wir hier v und u. — Als Consonant tritt V, gleichsamm ein weiches Digamma (Waw, als Consonant) an die Spitze des Wortes, oder in der Mitte desselben vor einen Vocal (*Foινος* für *οἶνος* wird vinum). [Das Verhältniss des *Γ*, als Digamma, zu V zeigt sich aus *ναύκληρος* = nauclerus; *ναύαρχος* = navarchus.]

In letzterem Falle macht es Position: advŏcăt aber ădĕăt. Eben so macht V gewöhnlich Position, wenn es als Digamma zwei Vocale scheidet: pĕtīvĭt aber pĕtĭĭt. Als Vocal kann V eine Sylbe für sich bilden: indŭit (von *δύω*,) imbŭit (von *βύω*?); oder es geht von der Eigenschaft eines Consonanten in die eines Vocals über, wenn es vor einen andern Consonanten zu stehen kömmt: vŏlvĕrĕ, aber vŏlūtum, lavatum, lautum, wobei die frühere Position natürlich aufhört. — Dichterisch kann das Digamma in den Vocal aufgelöst werden: so-lŭ-it si-lŭ-ae, statt solvit, silvae, oder als Vocal in den Consonanten verhärtet werden: tēnvĭs zweisylbig aus tĕnŭis. (Tenuis ubi argilla et dumosis calculus arvis, Virg; dagegen navita aus nauta). Oder das Digamma löst sich in den Vocal auf, wenn es jene trennende Eigenschaft verliert: sapīvit, sapŭit. (Willkürlich scheint der Unterschied zwischen vōlvit von vŏlvere und vŏlŭĭt von velle). Treffen zwei V zusammen, so konnte der erstere der

Vocal sein — uva — oder der zweite. In letzterem Falle behielt man lange die alte Schreibart bei — welche in der Endung besonders o für das spätere u (advorsum) setzt — und schrieb volnus, volpes für vulnus, vulpes.

Kaiser Claudius sah den Uebelstand dieser Zweideutigkeit ein und bestimmte, dass man V als Consonanten durch das umgekehrte Digamma: ℲI zu schreiben habe. (Taciti An. XI, 14: vgl. n. 2. bei Ruperti). Nach dessen Tode kam dieser Gebrauch bald wieder ab, obgleich ihn Quintilian (de inst. or. X, 12) billigt, indem jedenfalls V die Bedeutung (vis) des Digamma beibehalte um ceruom und servom zu schreiben Anmerk. 43.

Hier ist nun noch Einiges über die griechischen Diphthongen beizufügen, wodurch man vielleicht der

---

Anmerk. 43. Zur Uebersicht des so eben Vorgetragenem vergleiche man noch folgende griechische Wörter im Uebergang in die entsprechenden lateinischen. Nur bemerken wir noch, dass die lateinische Sprache nicht selten das S, gleichsam als ein zischendes Digamma an die Stelle der griechischen Aspiration setzt, jedoch auch umgekehrt, also ἴς = vis; εἴδω (ἰδεῖν) = video; βόλω (βούλομαι). = volo; ἱστία = vesta; οἶκος = vicus; οὐά = vah; ὑπέρ = super; εἶδος = sidus; ἕρπω = serpo (aber σφίγω figo; σφόγγος = fungus;) φέρω = fero; βρέμω = fremo; ῥῖγος = frigus; συκῆ = ficus. — σπείρω = spargo; ἅλ-ς = sal, althochdeutsch: hal? — ἕσπερος = vesperus. Bemerken wollen wir noch, das die hochdeutsche Sprache nach dem p ein f als Digamma gleichsam einschaltet, was die niederdeutsche nicht kennt; Pfat (πάτος), Pat; Pfal (palus), Pal; Pfote (ποδός von ποῦς) Pote etc.

Lösung mancher Fragen näher kommen dürfte. Doch ist ein Rückblick auf bereits Vorgetragenes nicht ganz zu umgehen.

So wie in einer Sprache die Laute durch Buchstaben fixirt werden, so stellen sich zuerst die deutlich erfassbaren, stummen Consonanten fest, wobei nur durch die Aspiration einige Verschiedenheit bewirkt wird. Schon bei den liquidis und Zischlauten treten manche Unbestimmtheiten ein, indem man jene entweder nicht immer scharf zu trennen weiss, oder die letztern vielfach zersplittert. Weit misslicher aber ist die Ausscheidung der volltönenden Vocale, da häufige Tonübergänge die Bestimmung der Lautzeichen hier erschweren. Im arabischen Niskhi hat man, wie schon erwähnt, nicht mehr als 3 Vocale zu unterscheiden vermocht, nämlich: ٚ, a und ae; ־, e und i; ؍, o und u. Nur wenn ein Vocalzeichen vor einer nicht verwandten semivocalis sich befindet, entsteht eine Art von Umlaut. Dadurch sind aber die 3 Classen der Vocale, welche man ursprünglich zu erkennen vermochte, genau bezeichnet.

Die Griechen schritten frühzeitig in ihrem Alphabete fort, in dem sie E und I trennten, und dann durch das Υ ein kurzes u auszudrücken versuchten. — Durch die Einsetzung jener beiden Vocale in das Alphabet war aber in der Sprache der Laut beider noch nicht völlig geschieden. Nicht nur dialektisch war die Unbestimmtheit, wie man jonisch, ἰστίη, attisch: ἑστία schrieb, sondern man schwankte auch sonst in der Schreibart nach den Landschaften; s. Beispiele in Thiersch. Griech. Grammatik p. 22, 4. Ueberdiess ersieht man aus der bekannten Stelle in Platons Cratylus, p. 418. B., dass man in alter Zeit insgemein — καὶ οὐχ ἥκιστα αἱ γυναῖκες, αἵ περ μάλιστα τὴν ἀρχαίαν φωνὴν σώζουσι — häufig da Jota sprach, wo die spätern ein E oder ein H (d. h. ein verlängertes E) hören liessen. — Auch der Laut des υ stand früher schwerlich fest. Er wechselt dialektisch mit ο und α, und ου (Böckh II. p. 396); in verwandten Sprachen tritt an seine Stelle u; z. B. δύο = duo; μῦς = mus; μύλη (lat. mola) = muli, althochdeutsch; κύσαι = kussjan, althochd.; πυξίς = puhsa, althochd. Wie das französische u wurde γ wohl nie ausgesprochen. (So schreibt man in ältern Dialekten auch οι für ου, z. B. Μοῖσα für Μοῦσα; wie auch lateinisch: oinovorsei statt universi; comoinem für communem; Senat. cons. de Bacchanalibus).

Treten in der Schrift zwei Vokale zusammen, so zeigen sich sehr verschiedene Erscheinungen, je nach dem Genius der Sprache. Manche Vocale vereinigen sich niemals und werden einzeln ausgesprochen. Andere verbinden sich zu einen neuen, vollen, klaren, gedehnten Laut, d. h. sie werden eigentliche Diphthongen. Zuweilen aber fliessen 2 oder gar 3 in einen unklaren so zusammen, dass man ihn durch keine Lautzeichen zu bestimmen vermag, sondern ihn nur durch Uebung erlernen kann. (Besonders ist die französische Sprache reich an solchen uneigentlichen Diphthongen, deren Laut sich aus der Schreibweise nicht errathen lässt, zumal da deren Gebrauch sich mit der Zeit zuweilen ändert). Eine besondere Art der Diphthongen ist, wo der eine Vocal — lang oder kurz — voll tönt, der andere aber nur so kurz und undeutlich beiklingt, dass zwischen beiden weder eine volle Verbindung eintritt, noch dieselben als getrennte angesehen werden können. (Für diese halben Vocale wählen wir das Zeichen: O, womit die Schweden das nachklingende O andeuten z. B. år, Jahr). — Bei der Ausbildung der Sprache bemerkt man nicht selten einen Fortschritt in der Fixirung des Lauts zu einem wahren Diphthongen. Siehe Anmerkung 44.

Anmerk. 44. Unsere neuhochdeutsche Sprache ist das Resultat der langen Entwicklung einer Schriftsprache und deren Rückwirkung auf eine grammatisch berichtigte Umgangssprache. Auch hier lässt sich der Fortschritt von uneigentlichen Diphthongen zu eigentlichen wahrnehmen; z. B. lioht althochd. = Licht; suona = Sühne; hruof = Ruf; fluoh = Fluch; stiuru = Steuer; suom = Saum; fliugan oder fleogan = fliegen etc. — Sehen wir uns aber in den üblichen Mundarten unserer hochdeutschen Sprache um, so erscheinen die beiklingenden Vocale, welche die vollen begleiten, und theilweise modificiren, nach Dehnung, Rapidität und Accentuirung so mannigfach, dass kaum dem Fleisse des trefflichen J. Andreas Schmeller sie nach allen Nüancen zu bestimmen gelang. Würde aber eine solche Mundart häufig geschrieben, so dass die Bücher in die Hände des Volks kämen, so würde nicht

Um hier nun die richtige Anschauung für die griechischen Diphthongen zu gewinnen, müssen wir die Vergleichung mit dem Semitischen wieder aufnehmen. Eigentliche Diphthongen hatten die ältern Mundartsn desselben wahrscheinlich gar nicht, sondern nur beiklingende Vocale. Diese schliessen sich aber nicht nur an andere voller tönende Vocale, sondern auch an gewisse Consonanten an. S. Anmerk. 45. Die Punktatoren des hebräischen Textes suchten dieses in ein System zu bringen. Unter jeden Consonannten, welcher keinen Vocal unter oder nach sich hatte, setzen sie ein sogenanntes Schwah ($\overline{\cdot}$), als Andeutung eines Vocals, welcher in gewissen Fällen lautbar wurde. Zuweilen klang derselbe so undeutlich (Schwah mobile), dass man ihn durchaus nicht näher zu bestimmen vermochte. (Doch zeigt die Schreibweise der Septuaginta, dass man auch hier einen kurzen Vocal ergänzen konnte; z. B. שְׁמוּאֵל $= \Sigma\alpha\mu ov\acute{\eta}\lambda$; שְׁלֹמֹה $= \Sigma\alpha\lambda\omega\mu\acute{\omega}\nu$). Ein andermal — vorzugsweise unter Gutturalen — trat der beiklingende Vocal so deut-

---

nur die Lautbezeichnung sich fixiren, sondern die Laute selbst allmälig bestimmter werden, so dass eine neue Schriftsprache entstünde.

Anmerk. 45. Das Verhältniss der den liqnidis und Zischlauten beiklingenden, ungeschriebenen halben Vocale hat sich besonders in den slawischen Sprachen ausgebildet; wodurch es möglich wird, Worte auszusprechen, die gar keinen vollen Vocal enthalten, daher böhmisch z. B smrt, Tod; Twrz, Burg; Srst, Haar; Mls, Näscherei; Plž, Gartenschnecke; Chrt, Windhund; Pnjk, Rumpf etc.

lich hervor, dass die Punktatoren wenigstens die Classe andeuten wollten (nämlich a, e oder o), zu welcher er gehöre. So entstanden die gemischten Zeichen: Chateph (d. h. rapidum) Patach, Ch. Segol, Ch. Kamez (ֲ, ֱ, ֳ).

Bei Homer bemerkt man eine reiche Fülle von Sprachformen, die erst später von Grammatikern als dialektische ausgeschieden wurden, da sie zum Theil bei manchen hellenischen Stämmen vorzugsweise in dem Gebrauche blieben. Hier findet sich neben der Verdopplung der semivocales, eine scheinbar willkürliche Behandlung der Vocaldehnungen durch Verdopplung, Abkürzungen durch Ausstossen, Trennung eines wahren Diphthongen in seine Bestandtheile, Vereinigung eines vollen Vocals mit seinem beiklingenden zu einem eigentlichen Diphthongen etc. Der Dichter gebrauchte sichtbar die Sprache nach dem Bedürfnisse des Versbau's. — Zieht man aber die Mangelhaftigkeit der Hülfsmittel in Erwägung, welche das alte Alphabet darbot; (s. Anmerk. 46) so ergiebt sich, dass der Text kaum ursprünglich in der Art verfasst sein kann, wie wir ihn besitzen. Auch kann die Herstellung desselben, bis ihn die Alexandriner zu einem Hauptgegenstande ihrer Studien wählen, nur nach und nach

---

Anmerk 46. Es geht z. B. dialektisch ov in ω über ($\beta\tilde{\omega}\varsigma$ $\dot{\alpha}\zeta\alpha\lambda\dot{\epsilon}\eta$, Il. VII, 238 statt $\beta o\tilde{v}\varsigma$ etc.) Wie wollte man aber dieses zu einer Zeit bezeichnen, wo man für die Laute o, ov, ω, nur ein einziges Lautzeichen, das O besaass?

erfolgt sein. Jedoch wendeten schon die ersten, welche sich um Sammlung und Anordung desselben bemühten, besondere Sorgfalt an, um ja das Alterthümliche nicht zu verwischen, so dass — wenn nur der Versbau gerettet war — sie keine sprachliche Rectificirung und systematische Umwandlung sich erlaubten.

So interessant es aber auch ist in jenen eigenthümlichen homerischen Vocalbau sich zu vertiefen, so können wir hier doch nur zunächst von dem nachhomerischen Sprachgebrauch ausgehen.

Sämmtliche beiklingende Vocale der Griechen zerfallen in 2 Classen, von denen die eine durch υ, die andere durch *I* bezeichnet wird. Durch das erstere entstehen die uneigentlichen Dipthongen $\alpha\upsilon$, $\varepsilon\upsilon$, $o\upsilon$, in denen υ nrsprünglich eben so beiklingt wie in $\eta\upsilon$ und $\omega\upsilon$. Dieses ist schon erwähnt, wie auch, dass $o\upsilon$ allmälig in den eigentlichen Diphthongen ū übergeht.

Wenn wir sagten, dass *I* nur eine Classe von uneigentlichen Diphthongen bezeichnete, so heisst dieses, mit der Berücksichtigung des vorher Gesagten, dass der beiklingende Vocal hier unsicher zwischen den Lauten $\overset{\circ}{E}$ und *I* schwanke. (Man spreche nur in den Worten: Caésar [nämlich C richtig = K] und $K\alpha\widehat{\iota}\sigma\alpha\rho$ den beiklingenden Vocal rapid aus, so wird man kaum einen Unterschied zwischen beiden Vocalen gewahr werden). Die Verhältnisse der uneigentlichen Diphhtongen: $\alpha\iota$, $o\iota$, $\varepsilon\iota$, zu denen später $\eta\iota$ und $\omega\iota$ kamen, ergeben sich nach dem bereits Vorgetragenen leicht.

In *AI* tönte α ursprünglich voll, und ι nur undeutlich neben bei. Als *H* wurde αι nur zuweilen bei den Böetiern ausgesprochen, Böckh II. p. 394: *KH* statt καί. — *AI* war so wenig ein echter Diphthong, dass es keine Länge bildete, welcher Gebrauch sich noch in der Endung des nomin pl. und des Infinitivs erhielt. Doch in der Endung des Optativs tritt die Länge ein, (vielleicht weil sie eine Verkürzung einer alten längeren Form ist? wie γηϑήσειεν statt γηϑήσαι, Od. XII. 88). Dichterisch kann hier das I als **selbstständiger** Vocal ertönen: πάϊς stat παῖς; ein andermal dagegen wird es ausgestossen; aus αἰετός, αἰεί wird: ἀετός, ἀεί. — Als man die Accente schrieb, wurde — *AI* die genannten Ausnahmen abgerechnet — insgemein für einen wahren langen Diphthongen angesehen; was sich aus αἷμα, αἶνος etc. erkennen lässt. — Die Verhältnisse des *OI* sind ganz ähnlich. Das *I,* ist beiklingend bis es endlich zum ächten Diphthong wird. (ὄϊς dann οἷς; ὀϊστός attisch οἰστός.

Die Unbestimmtheit des beiklingenden I lässt sich in beiden uneigentlichen Diphthongen aus der Vergleichung mit der Schreibart der Lateiner erkennen. Diese nämlich schreiben in älterer Zeit, dem Griechischen entsprechend, ai und oi, wo sie später ae und oe setzen. (Daher sie auch wohl nicht: ä und ö, sondern aë und oë sprachen). In den Tafeln des Grabmals der Scipionen liest man: aidilis, quairatis; im Senat. Consult. de Bacch.: foideratei, aiquom (statt aequum), tabelai statt tabellae; in der Duillischen Inschrift zwar: Poenos, praeda, aes; jedoch auch captai statt captae. Bis auch hier der unbestimmte Laut ἒ zu ē sich allgemein hinneigte und man demgemäss nicht nur coena (von *κοινός*) und poena (von *ποινή*) schrieb, sondern auch *Αἴτνη*, *Λάκαινα* durch Aetna, Lacaena, aber umgekehrt: Lälius durch *Λαίλιος* übertrug. (In wenigen Eigennamen verhärtete sich der griechische Vocal *I* in den lateinischen Consonanten jota: *Αἴας*, *Μαία* = Ajax, Maja). Nur in einigen Worten blieb die alterthümliche Endung āi statt ae: terrāi, aurāi, aulāi.

Ueberhaupt konnte man in griechischen Endungen später ein Abstossen des *I* wahrnehmen; wie es z. B. in Dativ. pl. der Wörter der 1sten und 2ten Declination geschieht. So verklang auch wohl das *I* in der Endung des dat. sing., obgleich man es noch als Unterscheidungszeichen fortschrieb; und zwar vor Eukleides: *ΑΙ*, *ΟΙ*, *ΕΙ*, anstatt ᾳ, ῳ, ῃ, der Gebrauch des iota subcriptum soll erst in den Handschriften des 13ten Jahrhunderts aufgekommen sein.

In den griechischen uneigentlichen Diphthongen *ΕΙ* klang das *I* gewöhnlich kurz bei, ohne dass ein voller Diphthong entstand. Doch scheint in manchen Wörtern das *I* vorgetönt zu haben. Dieses will man aus Eigennamen schliessen, die in das Latein übergetragen wurden.

So wurde *Μήδεια*, *Πενειός*, *Μουσεῖον*, *Αἰνείας*

mit Medēa, Penēus, Musēum, Aenēas ausgedrückt, jedoch Στάγειρα, Νεῖλος, Ἡράκλειτος, ἐλεγεία durch Stagīra, Nīlus, Heraclītus, elegīa. In manchen Wörtern zeigt sich ein Schwanken z. B. Ἀλεξάνδρεια braucht Plin. V. 10 als Alexandrīa, Horat. Od. IV. 14, 35 als Alexandrēa; ähnlich liest man Antiochīa und Antiochēa (Ἀντιόχεια). Eben so war, — wie v. Thiersch bemerkt — auch Plutarch unsicher, ob er Papirus durch Παπείριος oder durch Παπίριος wiedergeben sollte.

In allen den genannten und ähnlichen Fällen wird der aus *EI* entstandene lateinische Vocal e oder i stets **lang**, ein deutliches Kennzeichen, dass die Griechen das *EI* stets als lang betrachteten, was auch später durch die Accentuirung bestätigt ward. Es scheint hier ein ähnlicher Fall zu sein, wie bei den äoloischen O *Y*, das als Verlängerung des O angesehen wurde (daher die schwankende dialektische Schreibart zwischen ω und ου). Denn wie ου vor den semivocales als dialektische Verlängerung des O, so tritt, auch ει als Verlängerung von E ein. πουλός, νοῦσος statt πολύς, νόσος, eben so ξεῖνος, ὑπείρ statt ξένος, ὑπέρ (die Neugriechen sprechen ει als ι). Aehnlicher Weise setzten auch die alten Lateiner ei für das spätere ī und schrieben z. B. sibei, ceivis, duceis, quei statt sibi, civis, duces, qui; während sie für das kurze i zuweilen e setzen; z. B. cepet, duxet statt cepĭt, duxĭt; (vgl. Senat. Cons. de Bacchan). Ob die Griechen, ohngeachtet der Accentuirung *EI* jemals als den vollen Diphthongen sprachen, wie wir es zu thun pflegen, bleibt unentschieden. Die Lateiner wenigstens sprachen diese beiden Vocale stets getrennt. Auch das einsylbige deīn, contrahirt aus deinde macht keine Ausnahme, denn man spricht wohl: deĭn. (S. Anmerk 47.) Dass übrigens in der regelrechten jonischen Sprachweise *EI* als getrennte Vocale ausgesprochen wurden, wo die attitsche die Contraktion vorzieht, ist bekannt. — *TI* wird in der Endung gewöhnlich getrennt gesprochen. (Ausnahmen Od. VIII, 254; ὀρχηστυῖ, X, 544, ἰξυῖ zweisylbig etc). Im Anfange des Worts werden in manchen Wörtern die Vocale getrennt, in andern zu einem langen Diphthongen vereint, doch braucht Homer υι in manchen Formen von υἱός in der Thesis als kurz.

Indem wir an einem Beispiele nachzuweisen versuchten, wie ein Alphabet, für eine eigenthümliche Nation geschaffen und mit ihr gleichsam verwachsen, einer andern, von Natur durchaus verschiedenen, allmälig sich assimilirte, vertiefen wir uns vielleicht

---

Anmerk. 47. Es wäre hier noch Manches zu erwähnen, z. B. wie auch das *E* zuweilen eingeschoben erscheint um eine lange Sylbe gleichsam zu bezeichnen; ἱερός = ἶρος, ἄεθλος = ἆθλος; in einem andern Fall an der Spitze eines Worts bald steht, bald wegfällt: ἐθέλω und θέλω; ἐχθές und χθές, ἐνέρθε und νέρθε.

zu sehr in grammatische Einzelheiten, die noch nicht einmal erschöpft sind. Daher müssen wir abbrechen, um nicht ermüdend zu werden, so interessant es auch scheinen möchte, sofort das gothische Alphabet zu prüfen, die endliche Feststellung der althochdeutschen Schreibweise zu betrachten, und in den romanischen Sprachen sich zu ergehen, wie sie aus den verworrenen Elementen eines verdorbenen Lateins und germanischer Sprachwurzeln entstanden, und deren Lautzeichen ihre besondere, oft ganz auffallende Bedeutung erlangten.

§. 12.
Schluss.

Wir sahen, wie von einem Volke der einfachsten Sitte, aber in grossen Naturanschauungen lebend, eine der denkwürdigsten Erfindungen, die eigentliche Buchstabenschrift ausgegangen war. Entstand auch der erste Gedanke daran nicht in ihm selbst, so hatte es doch Schwierigkeiten, über welche selbst die gelehrten Priester Aegyptens nie ganz hinausgekommen waren, leicht überwunden, und die Schrift dadurch zu dem Eigenthum aller Völker gemacht, während sie in Aegypten fast untrennbar mit der Sprache verwachsen blieb. So weit übertrifft zuweilen der einfache, aber durch die Naturanschauung geschärfte Sinn die Gelehrsamkeit. Zudem war aber jene Anschauung eine grossartige. Nicht eine bewusstlose Masse war jenem Volke die Natur, das Produkt von dunklen, sich anziehenden und abstossenden Kräften, im unendlichen Wechsel des Erzeugens und Vergehens der Form, sondern die Schöpfung des höchsten, alleinigen Gottes, dessen lebendiges Wirken sie in jedem Naturkörper wahrnahmen. In allem Erscheinenden, dem sie ein selbständiges Leben beilegten, erblickten sie das Geschöpf und den Diener dieses Gottes, in dem leuchtenden Gestirne wie in dem Sturmwinde.

Da nun alles Einzelne, welches sich in der Erscheinung darbietet, aus einem Urquell herstammt, so stehen auch alle einzelnen Erscheinungen unter einander im engsten Zusammenhange, und man vermag von jeglicher auf die verwandten, ja auf den Willen des Urhebers aller zurückzuschliessen. — Das ist ein Grundgedanke der ältesten Zeit, der sich nicht nur noch in manchen Stellen der heiligen Schrift, — wo man keineswegs nur poetische Redensarten annehmen darf — sondern auch in den Gebräuchen nnd Meinungen des verdunkelten Heidenthums noch erkennen lässt.

Dieser Ansicht liegt aber auch eine andere nahe: aus der äussern Form — überhaupt aus dem sinnlich

Erfassbaren — der Dinge, auf deren innerstes, eigentlichstes Wesen zurückzuschliessen; oder mit andern Worten: jene Völker — Sabäer und die ihnen verwandten — sahen die Naturkörper wie eine Hieroglyphe an, deren Sinn sie zu enträthseln und in Worten auszudrücken suchten; (s. Anmerk 48).

Dieses aber führte weiter zu der Vergleichung von Dingen unter sich, welche dem Anschein nach sich sehr fern standen, und deren Sympathie und Antipathie — innere Anziehung oder Abstossung — man zu erforschen suchte. Und hier ist nun zugleich der Ursprung jener Symbolik der Alten, welche 'in Sprache wie in der Hieroglyphe, in der plastischen Darstellung wie in dem religiösen Glauben hervortritt, und zuletzt in der Poesie sich erhalten hat. Auch die Traumdeutung beruht auf derselben. Die besondere Aufmerksamkeit jener alten Välker musste der gestirnte Himmel auf sich ziehen, der in den weiten Ebenen und der reinen Luft Arabiens und Babylo-

---

Anmerk. 48. Nicht nur die alten Perser, (Herod. I, 131) sahen die Quellen, Flüsse, Winde etc. nicht als die Resultate natürlicher Wirkungen an, sondern auch andere Völker des Alterthums verehrten sie als selbständige Wesen. Auch den Thieren legte man einen bestimmten Chatakter, ein bewusstes Seelenleben bei; ja sie sollten einst der articulirten Laute sich bedient haben; (man erinnere sich an: „ὅτε φωνήεντα ἦν τὰ ζῷα" bei Aesop; an den Glauben der Indianerstämme Nordamerika's.) Als aber Menschen- und Thierleben — wie die Sage geht — verfiel, gehörte es noch immer zu den Geheimnissen der Weisen, die besondere Sprache der Thiergattungen, besonders der Vögel zu verstehen.

niens einen glänzendern Anblick gewährt, als in der dunstigen Atmosphäre unserer Länder. Schon in sehr alter Zeit wurde von den Priestern der Lauf der Planeten, der vorausbestimmte Auf- und Niedergang der festen Gestirne, die Verfinsterungen des Mondes beobachtet und berechnet, und man gewann — wie sich aus einzeln erhaltenen Notizen schliessen lässt — überraschende Resultate. Doch musste die Beschränkung der Hülfsmittel der Astronomie bald eine unüberschreitbare Gränze setzen, und die Wissenschaft verwuchs mit dem religiösen Glauben. Als man bemerkte, wie der regelmässige Wechsel der Jahreszeiten bei dem Erscheinen oder Verschwinden mancher Gestirne eintrete, so erblickte man in der Gleichzeitigkeit der Erscheinung auch die Ursache. S. Anmerk. 49.

Die Gestirne wurden nicht nur die Beherrscher des Jahres und seines Wechsels, sondern auch der Tage. Aus dem milden, aber doch hellen Glanz der Venus — um die neueren, bekannten Namen zu gebrauchen — aus dem mächtigen Strahl des Jupiter, dem rothen Lichte des Mars, der Düsterheit des Saturns etc. schloss man auf den Charakter dieser Planeten, und sie wurden für die Zeiten und Tage, denen sie vorstanden, heilbringend oder unglücksbedeutend; (da-

---

Anmerk. 49. Wie dem Aegypter der Anfang des Sirius den Beginn der Nilschwelle bezeichnete, so ordnete bei Hesiodos (Ἔργα καὶ Ἡμέραι) der griechische Landmann seinen Ackerbau nach dem Arcturus, den Pleiaden und dem Orion.

her noch die dies fasti und nefasti). Nach diesem Charakter der Gestirne brachte man sie in Verbindung mit den Metallen, mit gewissen Thieren und Pflanzen, die ihnen besonders untergeordnet waren. (Selbst in dem Heidenthume der Hellenen, wo sich die tiefsinnigeren Vorstellungen der alten Zeit nur dürftig erhielten, während dieses Volk auf seine Götter die eigenen Leidenschaften übertrug, erhielten sich noch sichtbare Spuren des frühern Glaubens).

Vor den Blicken jener alten Priester vereinigten sich die Gestirne selbst in glänzende Bilder, so dass sie in der gesammten Flur des Himmels ein ungeheueres, aufgerolltes Buch zu erkennen vermochten, mit Hieroglyphen bedeckt. Nur ein Theil derselben behielt seine unwandelbare Gestalt, während durch das Zusammentreten – die Constellation — der wandernden Sterne sich stets neue Gebilde erzeugten, oft erst nach langen Zeiträumen wiederkehrend: die strahlende, bedeutungsvolle Schrift des ewigen Herrn des Himmels. Es kam nur darauf an, den geheimen Sinn derselben zu enträthseln.

Indem nun jene alten Völker die Natur als ein innig verbundenes Ganze auffassten, so dachten sie sich auch den Menschen im genauesten Zusammenhange mit derselben. — Oder wie man später sich auszudrücken pflegte — derselbe erschien als die kleine Welt, der Mikrokosmos, in welcher der Makrokosmos, sich spiegelte. Selbst der symetrische Bau des menschlichen Leibes ward mit den Verhältnissen der Gestirne verglichen; (vgl. Corn. Agrippa de occulta philosophia II, Cap. 23). Das scheinbare Zusammentreten der Planeten — die Constellation — gab nicht nur Kunde von den bevorstehenden Ereignissen der Reiche und deren Herrscher, von den Umwälzungen der Staaten und den Zerstörungen in der Natur, sondern auch dem Einzelnen bestimmten sie in der Stunde der Geburt sein zukünftiges Geschick voraus, was der Erfahrne deutlich zu erkennen vermochte (das Horoscop). So entstand die geheimnissvolle Astrologie, die Schwester der Astronomie, fast höher geachtet als diese, und so fest haftend in den Gemüthern, dass sich selbst die trefflichsten Astronomen neuerer Jahrhunderte — man erinnere sich an Keppler — nur allmälig von ihr loszusagen vermochten.

Doch nicht blos die Astrologie, sondern noch manches Aehnliche, aus gleichen Grundansichten hervorgegangen, überkamen wir aus jenen Ostländern. Während jetzt unsere nüchternen Menschen ein Geschöpf zerschneiden, um die Theile unter dem Mikroskop zu beschauen, oder einen Körper chemisch zerlegen und die Grundstoffe abwägen, glaubte man aus dem Geheimniss des äussern Bildes — Signatura nannten es die Mystiker des Mittelalters — das eigentliche Wesen einer Pflanze oder eines Thieres zu erkennen. Die Physiognomie lehrte den Charackter des

Menschen zu errathen, wobei die Vergleichung mit dem ähnlichen Thierbilde gar wichtig erschien (vgl. Porta's: Fisonomia dell' Huomo etc.), die Chiromantie: aus den, der Hand eingeprägten Linien, — gleichsam natürlichen Hieroglyphen — das Geschick der Menschen vorauszusagen. (Auch hier in steter Verbindung der Astrologie). Auch die Alchemie, die Mutter einer unserer tiefsinnigsten Wissenschaften, glaubte nicht ohne jene bestehen zu können. Es ist bekannt, wie sich der uralte Gottesglaube spaltete, und zwei Principe, das des Lichts und das der Finsterniss, sich gegenübertraten. Da enstand auch die Lehre, wie die Dämonen zu bekämpfen und zu unterwerfen seien: die Dämonomachie. Hier schrieb man nun auch wunderlichen Zeichen — eigentlichen Hieroglypen meistens aus der Astrologie hergenommen — grosse Kraft zu. Mehr aber noch heruht auf der Kenntniss von dem wahren Namen des Dämonen. Denn dieser eröffnet das wahre Wesen desselben und richtig geschrieben giebt er ein gewaltiges Amulet, um den Bezeichneten zu fassen und zu beherrschen. Desshalb pflegten alte Völker den Namen ihres Nationalgottes zu verheimlichen, um ihn nicht der Macht eines Beschwörers — durch die incantationes — auszusetzen. Auch für den Sterblichen ward sein Name bedeutungsvoll; daher nomina fausta und infausta.

Fasst man nun das Vorgetragene zusammen, auch die letzten zerstreuten Anmerkungen erwägend, so möchte man auf die Ansicht kommen: die Erfindung der Buchstabenschrift bei einem Volke, wie wir es bezeichneten, ist keine vereinzelt stehende Thatsache, nicht das Werk eines glücklichen Zufalls, sondern sie ging aus einer nationalen Gemüthsrichtung hervor. Man zerlegte das Wort in seine Theile — wie man die einzelnen Linien der Hand in Erwägung zieht, um den Eindruck der ganzen Hieroglyphe zu gewinnen — und wie man für diese Theile, die Laute, ein Zeichen erschuf, hielt man durch deren Verbindung das Wort fest.

Das Wort aber selbst war wiederum eine Offenbarung des menschlichen Geistes, dessen innerstes Leben man durch die Schrift zur Anschauung brachte. — Man schrieb mit abgekürzten Hieroglyphen, wie die Gottheit in den Constellationen ihren Willen bildlich offenbarte.

www.ingramcontent.com/pod-product-compliance
Lightning Source LLC
Chambersburg PA
CBHW020246170426
43202CB00008B/243